自立力育成のための
ボディーバランス・コミュニケーション

自立力育成のための

ボディーバランス・コミュニケーション

保江邦夫 監修

山﨑博通 著

海鳴社

監修者のことば

ノートルダム清心女子大学大学院人間複合科学専攻教授
保江　邦夫

禅林学園理事長である山﨑博通先生には、まさに東奔西走のご多忙なスケジュールにもかかわらず、長年ノートルダム清心女子大学において先進的で意欲的な講義「身体科学」を展開していただいてきた。ちょうど「ボディーバランス・コミュニケーション（ＢＢＣ）」と名付けられた新しい身体繰法を考案された直後だったこともあり、受講する女子大生達は光栄にも世界で最初にその素晴らしい効果の洗礼を受けることとなった。本書のカバーに散りばめられた彼女達の笑顔や、本文中にも載せていただいた授業風景のスナップ写真からおわかりいただけるように、活き活きとしてＢＢＣを楽しんでいくうちに知らず知らずの間に社会人のタマゴとして自立していく力を身につけている。

今般、文部科学省による新しい大学教育に求められる新カリキュラム群の中に、「自立力育成科目」

が取り入れられ、二〇一四年度入学者から適用されることとなった。諸大学の対応はさまざまのようではあるが、新たに導入する科目名の中に「自立力育成」を謳ってはみるものの、その内実はディベートやプレゼンテーション技能などのハウツー講義が目立ち、真の「自立力育成」からは乖離した感が拭えないようだ。この点に関して多くの大学が苦しい対応に終始していると聞き及んでいるが、ノートルダム清心女子大学においては幸運にも山﨑博通先生によるBBCを展開する野心的な授業経験の中で、女子大生達の自立力が実際にステップアップしてきた事実を把握することができていた。そのため、「自立力育成科目」の中心にBBCによる「身体科学」を置くこととし、二〇一四年度入学者からは新しく「自立力育成のための身体コミュニケーション」という斬新な授業科目として展開していくことになった。

数年後には新カリキュラム群としての「自立力育成科目」の教育効果検証が始まると思われるが、全国的に見ても真の「自立力育成」の効果を達成できる授業科目の数はそう多くはないはず。何故なら、学生達が自分自身で自立力を得たと実感できるのは、単にハウツーもののプレゼンテーション力や表現方法、あるいは会話力やコミュニケーションスキルなどを身につけたときではなく、心の奥底から湧き出る人生への自信や信念、さらには他者への思いやりや愛情に裏打ちされた包容力と以心伝心の妙を互いに感じ合うことができたときなのだから。

後者の実体験を学生達に提供することはたやすいことではないと思われるかもしれないが、長年にわたるノートルダム清心女子大学でのＢＢＣによる「身体科学」の授業に山﨑博通理事長の助手として密に接してきた目からは、ＢＢＣはその効果の大きさと授業展開の容易さの両面からして最適解を与えてくれると信じている。

実際に自立力育成科目が開講される二〇一四年度を迎えるにあたり、山﨑博通先生はわざわざ新開講科目「自立力育成のための身体コミュニケーション」のための新しい教科書を執筆して下さった。それが、本書『自立力育成のためのボディーバランス・コミュニケーション』に他ならない。まさに聖書の言葉どおり、新しい葡萄酒を入れるための新しい革袋を用意していただけたことも、キリスト教カトリックの修道女会が神への奉仕の一環として子女教育を行ってきたノートルダム清心女子大学にとって、この上ない喜びとなっている。

願わくば、本書を教科書として多くの大学において真の自立力育成を目指す斬新で実り多い新科目が生まれ、これからの波乱の時代へと旅立つことになる若き学生諸君への最良の手向けとならんことを！

もくじ

はじめに

「置かれた場所で咲きなさい」

岡山市にあるノートルダム清心女子大学の渡辺和子理事長のよく使われる言葉です。そのままの題名の著書がベストセラーになり、多くの人々に生きる勇気、歓び、そして感動を与え続けているちょうどこの時期に、満開の桜をのぞみつつ、やっと遅い筆を手にしたのは、私も氏のたなごころの上で生かされている一人だからかもしれません。

前著『ボディーバランス・コミュニケーション——身体を動かすことから始める自分磨き——』（以下、BBC）は、このノートルダム清心女子大学で、保江邦夫教授と二人で担当している講座・「身体科学」の教科書として生まれたものです。

保江邦夫教授からは、二年も前から、「次は是非、山﨑さん一人で書いてください」と勧められており、やっとその時を迎えられました。

保江邦夫教授は、ご存知のように、専門の物理学や数学以外の分野（武道、宗教から精神世界等）の書籍もたてつづけに発表されており、私もこの際、現在の講座内容を記録にとどめておくことは、少なくとも毎年百三十名を越す受講生に対する、せめて卒業アルバム的効果ぐらいにはなろうかという思いもあります。前著を手にして頂いた同好の方々にも、さらになにかの参考になれば幸いです。

世界は、いや宇宙はひとつ。対立から調和へ。そんな素晴らしい人生を掴みましょう。

すべての人への感謝をこめて――。

I　BBC 七つの扉

まず、基本的な取り組みかた（考え方）を確認しておきましょう。

1　すべてはひとつである、という意識

すべて、元はひとつである。

ここ数年、この気づきが続いています。

考えてみれば、何かの書物でも度々出会った言葉でした。宗教家か、スピリチュアル系のどなたかのものだったかもしれません。なかには自然科学分野の権威者も加わっていたこともありました。あまり多すぎて、引用の必要もないほどです。

ということは、きっとこのことは真実なのだと思います。目にはっきり見えるわけではありませんが、真実としか思えません。

具体的に述べましょう。

今、目の前にいる相手、さらに家族や日本人やこの地球に住むすべての人々も、じつはひとつです。起源論を超えて、宇宙論のレベルで観ると、じつはひとつであり、岩や木も、水や土、山や空もじつは全部つながっています。

この冬のある日、親族の法事に出席しました。浄土系の僧侶の法話がありました。

「亡くなった○○さんはとてもよい人でした。今もあの世から皆さんを見守ってくれています。皆さんからは見えないかもしれませんが、あちらからは皆さんが見えます。天からこちらを見る眼で見ると、それがわかります」

天からの眼、つまり心の眼で観れば、すべてはひとつにつながっている。

なるほど、肉体は消えても消えないものがあります。目に見える物質と、目に見えないあるもの。生命体、魂が、じつは一体としてあるとしか説明しようがありません。

そんなものが、BBCと仮に呼んでいる修練法を繰り返すうちに、やがて確信となっていくのです。

つまりそう念じて、または意識して行っていると、不思議な現象が起こりはじめます。

たとえば、一見武的身体技術の応酬のなかで、双方の衝突感が消えはじめます。また、1、2、3、4、といった順序が1になったり、逆転したり。つまり物事が時系列的に起こらないという現実。

今、目の前にいる人が、じつは、横になって寝ているとイメージしてみます。その寝ている人を起こすイメージで近づきつつ引き上げ動作を行うと、目の前でこちらの手をしっかり掴んでいる相手が足元をすくわれたようにゴロンと寝ころんだりします。

私はこれらを人を倒す技術ととらえずに、相手と自分はもともとひとつ、その意識になれれば、相手もその意識に同調してくれると信じています。さも自分自身の影のごとく、時間的なズレもなく、同じ動作が連動する現象が起きるのです。

これもやはり、「ひとつ」だからと思うしかないのです。

BBCは、そのことを実感する、またはその意識レベルを高めるための修練法だといえるでしょう。

2　ふたつのものがひとつになる

讃岐生まれの弘法大師・空海が、中国（唐）から日本に伝えた密教もこのことを大切にします。

男と女、自然と人間、心と体、さらには今目の前にいる相手と自分。一見対立するものを一元化する。

これが密教の理想ですが、この一元化は不思議なパワーを生み、物事の成就を助けてくれます。その力があまりにも大きいので、ある人達は「神秘力」というほどです。観念論ではなく、現実の世界で実際に現象として現われます。せっかく人間として生まれたのに、このパワーを見過ごすなんてもったいない話です。私はこの神秘力のことを、「調和力」と呼んできました。

たとえば、襲ってくる相手の攻撃力が瞬時に消滅したり、和解、和合の平和状態が訪れたり。これは武道の理想ですね。活人剣（拳）のめざす極致でしょう。

ＢＢＣでは、本当に願い行ずれば、このあたりのことも体験可能です。少なくとも、あなた方の人生が、より明るく楽しいものになることぐらいは保障します。つまり、このパワー（調和力）はどの分野にも応用でき、それも世のため、他人のためであればあるほどパワーアップするようです。

3　すべての場面をひとつの意識で

時とところを選ばず、攻撃的で破壊的な閉鎖型意識ではなく、受容と調和と愛をめざす開放型意識を持ち続けましょうという提案です。

戦争や衝突、対立の延長線上には、人類と地球の滅亡か消滅しかありません。人類はこれまでそんな負の意識を深めることばかり、せっせと積み重ねてきました。

今、この時点で人類に求められているのは、まったく正反対の宇宙愛、地球愛、人類愛につながる意識です。

生きとし生けるものすべてが、互いの立場を知り、認め、尊重し合う。こんな生き方を、自らも意識し、問い続け、さらに高いレベルをめざします。

必要なのは、まず身の周りから、人の喜びを自らの喜びとする人間になろうという意識と行動です。

他人を責めるより、己を責めよ。

まず、私達が調和の思想を潜在意識の中にまで取り込み、ＢＢＣの修練時にかぎらず、常住坐臥、対立や衝突ではなく受容と調和の意識で、すべての言動をコントロールしましょう。

4　受け入れる（吸収する）

対立、衝突、力づく、ではなく、調和、吸収、力まず、です。

私は四〇歳を過ぎてから、それまでやってきた武道の根本戦略を一八〇度転換して取り組んできました。いわく、歪めず、力まず、つまらせず。

それまでのスピードと筋力（体力、脚力、腕力）では、年を重ねるごとに衰えていくばかりと悟らざるを得ませんでした。それまでも、例えば海外の大きな人に頑張られたら、力と力では手こずらざるを得ませんでした。まず、そのことを素直に認めました。

その上で、それならそれまでの正反対の意識でやってみよう、と思ったのです。

目標を仮に武の達人とし、そのイメージを日本舞踊やパントマイム、ボールやポールを使うジャグリング等に重ねてみました。当面の技術改造の基本方針として挙げたのは、まず姿勢が美しいこと。そして、こちらの力が衝突して撥ね返されずに透《とお》ること。そのためには絶対に力まないこと。

力を伝えることと力むことはイコールではないことに、この頃ようやく気づいたのです。

仏教書からもヒントをもらいました。

仏教者の修行の先には、無我（空）という境地があります。この境地に達すれば、障碍《しょうげ》（さまたげ）や、封滞《ほうたい》（とどこおり）がなく、自由自在であるというのです。これは、武的技術の最高の境地と同じではないか、私はそう直感しました。続きを読んでみました。

「無我や、空は己を空しゅうした状態であるから、そこには自己中心の貪欲もなく、いたずらに他をおそれたり、嫌ったり、他にへつらったり、威張ったり、他を軽蔑したり、瞋《いか》ったり、嫉《ねた》んだり羨《うらや》んだりすることもない。常に他人の立場、全体の立場に立って正しくものを考えて行動するから、他に迷惑をかけることもない。すべての人間や動物に対して慈悲憐愍《れんびん》の心をもつことになる」（水野弘元著『仏教要語の基礎知識』、春秋社、ルビは引用者）

武術もつきつめれば、意識と生き方に密接に関連してくるのです。いやひとつだ、そう気づきました。例えば、道場という限られた空間だけではなく、あらゆる場面で、自分自身の考え方、生き方まで変えないと、より高い次元の武技すら望めるはずがない、と思うのです。宇宙レベルで考えれば、人を倒すための技術より、人を生かす、世の中をより良くするための技術こそ必要な時代ではないでしょうか。

でも現実には、敵対する人から攻撃されることもあるでしょう。また、いろいろなストレスの連続です。それらには逃げずに立ち向かう、これが一般的な考え方です。

では、逆に、受け入れてみてはいかがでしょう。

私も最初は試行錯誤の連続でした。

「怒らず、嫉まず、愚痴らず」（出張途中、上野駅の売店で買った中山正和氏の『洞察力』ＰＨＰ研究所、に学びました）と唱えながら、「歪めず、力まず、つまらせず」の技術修練を繰り返しました。しかも、こちらからは絶対に仕掛けずに、仕掛けるのは相手で、それをただ受けることに専念する。

受けたつもりでも、こちらの皮膚や筋骨がちょっとでも痛ければ、それは衝突です。衝突感がゼロになるまで、微調整の繰り返しです。それこそ道場だけでは時間が足りないことに気づきます。ではどうするか。朝から夜寝るまでのあらゆる場面で、「受ける、受ける、受ける」という統一意識で過ごします。

やがて、受け、即ち吸収がわかってきました。

ストレスも、じつはあるものが自分自身を責める（と認識する）、その結果として起こるものです。ですから苦痛が生じます。これもすべて受け入れたらどうでしょう。受け入れ、吸収したら苦痛もゼロになります。武技も実生活も、同じ理屈で成り立っていることに改めて気づかされるのです。

意識を変えることは行動を変えること。行動と意識はじつは表裏一体です。双方を独立させずに、ひとつと考える。

こうして生まれたのがＢＢＣです。

5　ＢＢＣのめざすもの

いわゆる効能書きを書くつもりはありません。別に、体験者の声は紹介しますので、ここでは私達のめざす方向を確認したいと思います。

それを一言でいうなら、「幸せな人生を送りたい」ということでしょうか。

では、「幸せ」とは何か。

衣食住に恵まれること。社会的に成功すること。健康。豊かな人間関係……。

お金では買えないものであることに気づかされます。幸せとは、心と体で感じるもののようです。

私は、とくに、人として感じる幸せは、自分一人だけでは成り立たないものであると思います。つまり、幸せは自分以外の他者との関わりの中にこそ実感できるものです。

では、他者とは何か。家族、隣人、同僚、日本人……、どんどん拡がっていきます。そして、人間以外の生物や大自然、さらに私達をとりまく大宇宙……。

そのすべてと仲良く、調和された状態の中にもしいられるとしたら、これこそ大幸福、大感謝ではないでしょうか。

インド独立の父、マハトマ・ガンジーの他者の幸せのための大願には、強烈なパワーが働いたのです。そうだとするなら、私達にも可能性はあります。

私達の願う本当の幸せとは、自分も含めた世界の、宇宙の平和です。そしてそれを願う仲間に恵まれることです。対立の意識からは何も生まれません。真の平和は、ひとりひとりの調和の意識から生まれる。人類はそのことに気づきはじめました。

だから、私達の祈りの言葉は

世界の平和　　南無ダーマ（法）
宇宙はひとつ　　南無ダーマ（法）

となります。

6　九転十起修練法

さて、そのためにはどうするか。

ただ、ひたすら転がって、起こすだけです。

ある禅門に「只管打坐《しかんたざ》」という言葉があります。ただひたすらに座れ、という宗祖の教えです。素晴らしい言葉です。この静禅に対して、動禅をイメージするBBCは、「只管転起」といえるかもしれません。そうです、相手を倒すのではなく、まず自分から転がる。そして一方は、立ち上がろうとする人を扶《たす》けて起こしてあげる。

達磨大師といえば「七転八起」です。人間は転んでも転んでも起き上がります。失敗を乗り越えるたび、人は強く賢く成長します。

まず、転んでみよう。私は、これが人間力向上システムの根本原則だと思っています。

自己主張を捨てて転がっている間は何も考えられません。自然にできる無念夢想の境地です。

ヨガや仏教の修練（行）法の中に瞑想法があります。

瞑想は、ヨガでは大宇宙との融合、一体感、仏教では真我（魂）をめざすものと位置づけられています。真我とは、低我（我意識）に対する言葉で、人間の存在を現象面だけでとらえず、生命の根本とのつながりを実感することにより、本来の自己にめざめ、その大いなる存在（生命の根本）へと進化していこうというものです。

簡単にいえば、人間のもつ悪しき意識と行動からの脱却こそ修行の目的なり、ということでしょうか。

ＢＢＣには、このような瞑想法的効果も内在していると、私は見当をつけていますが、少なくとも転がるだけで元気になることだけは確かです。何も考えずに転がっているうちに、人間本来の諸機能が活性化されていきます。

さらに、健康法という側面からも見てみましょう。

健康とは、病気ではない状態と思われがちですが、東洋医学では病気という現象を単純に悪とはとらえません。発熱も痛みもそれぞれに身体が起こす自然治癒力の働きと、とらえます。高熱で体内に侵入した細菌を殺し、痛む箇所にはより多くの血液を送りこみ、異常を正常に戻そうという営みです。

整体法の分野で整経、整脈、整骨という言葉があります。神経が整うから気血の流れが整い、結果的に筋肉が正常に働き、骨格も整います。それらのさらに根本は心のありようです。意識の問題です。

万病の元は、じつは心の不安定さ、意識の乱れにあるのです。

ＢＢＣも、じつは身体活動を通じて、心と意識の活性化をめざし、協調性や積極性、安定性を高めようとしているのです。

ここで、身体活動に関連して、つい見逃されがちな事柄に触れておきます。

物理的現実論のなかで、「運動の第三法則」に「すべての作用が、力の等しい、向きが正反対の作用をともなっている」という、「作用反作用の法則」として知られるものがあります。

これは当然の如く、身体間の現象としても現れるし、また人間関係にも現れてきます。よく「鏡の法則」といわれますが、それは自分の思いが目の前の相手に移る、ということ。敵だと思えば敵となり、友人だと思い本当にそう信じれば、その男（女）も友人となります。思い当たる人も多いことでしょう。

なるほど、事象、対象を選ばないからこそ、法則たり得るのです。

7　イメージ力

これから行うことをイメージ（映像化）し、それを身体運動に移します。すると、必ずイメージどおりのことが起こるようになります。

ただし、いきなりかけ離れた、例えば寝ているだけで大金持ちになるなどといったことは起こりません。ＢＢＣに当てはめれば、イメージだけで、触れもせずに相手が転がるというようなことはありません。

相手が後ろに転がるとき、まず膝を折ってしゃがみます。次に踵に重心を移して、お尻を床におろし、背中から後ろ回転をします。

そのイメージで近づくと、接触の段階からこちらの筋肉操作にイメージ力が移行し、相手もイメージどおりの行動を起こします。これが基本であり、スタート部分です。

やがて、彼我の空間に目に見えない補助線が引けるようになり、梃子《てこ》の理や、合力、前述の運動法則を当てはめるなどのイメージ力を使った修練に移れるようになります。

ぜひ実生活にも応用してください。

II

修練法の実際

本書は、前著『ボディーバランス・コミュニケーション』を補完する目的で書かれたものです。従って、極力重複は避けていますので、常に前著とあわせてお読みください。また、原理的にはさらに理解しやすいよう心がけていますので、ここからまた前著のコースに戻っていただくと、より理解が深まると思います。

1　三点チェックと簡易骨格調整法

【まず、三点チェックを行います】

①左右の足の長さ

仰向けに寝てもらい、内くるぶしの位置で左右の長短を調べ、その結果を記憶してもらいます。

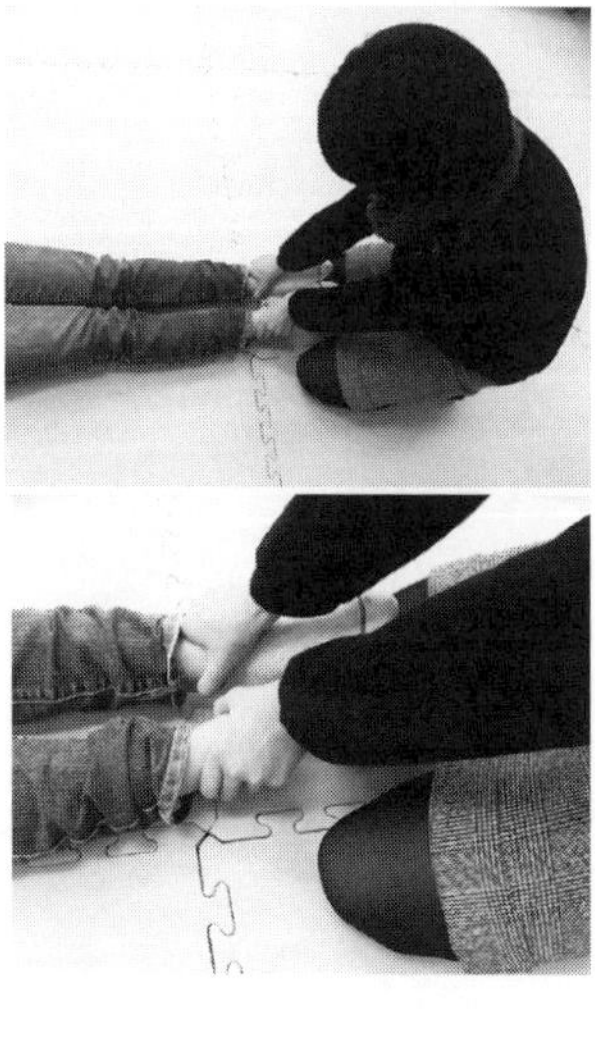

左右の足の長さ

②左右への膝の倒れ具合

仰向けに寝たままで、膝を立ててもらい、ゆっくり左右に倒して、倒れ具合を見（または本人の感覚を）、記憶します。

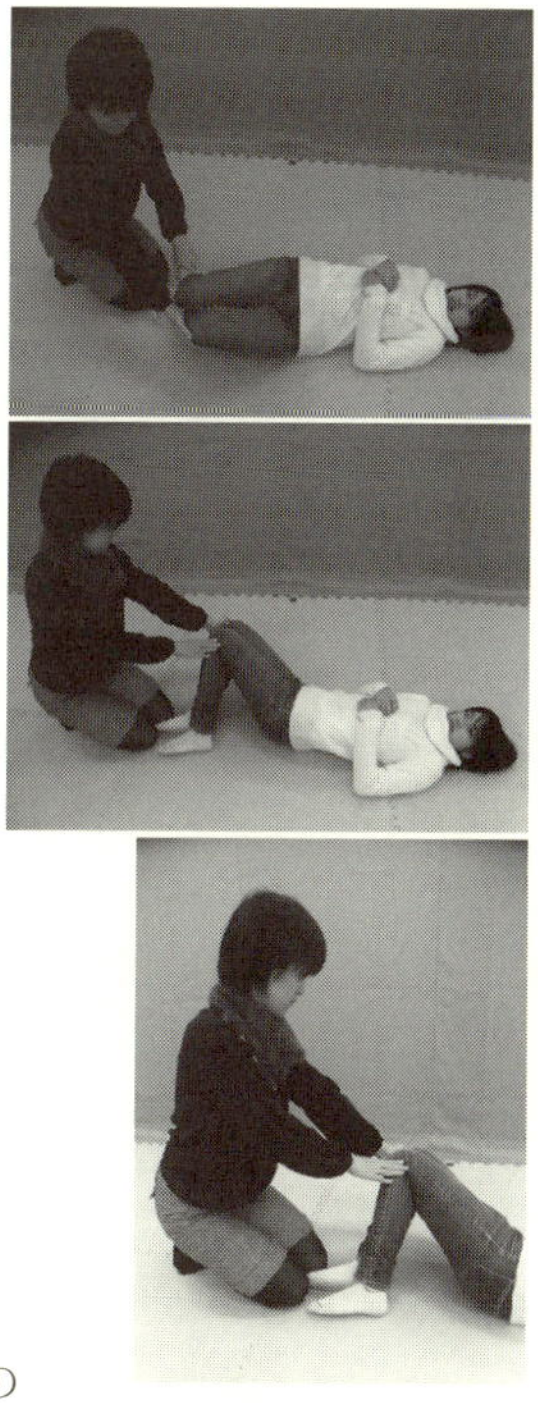

左右への膝の倒れ具合

③頸椎の左右への捻り具合

正座（長座でも可）になってもらい、一方は起立のまま両手人差指を相手の肩井《けんせい》に当て、ゆっくりと左、右に捻《ひね》ってもらい、可動域の広さ（狭さ）、または回り具合を記憶してもらいます。

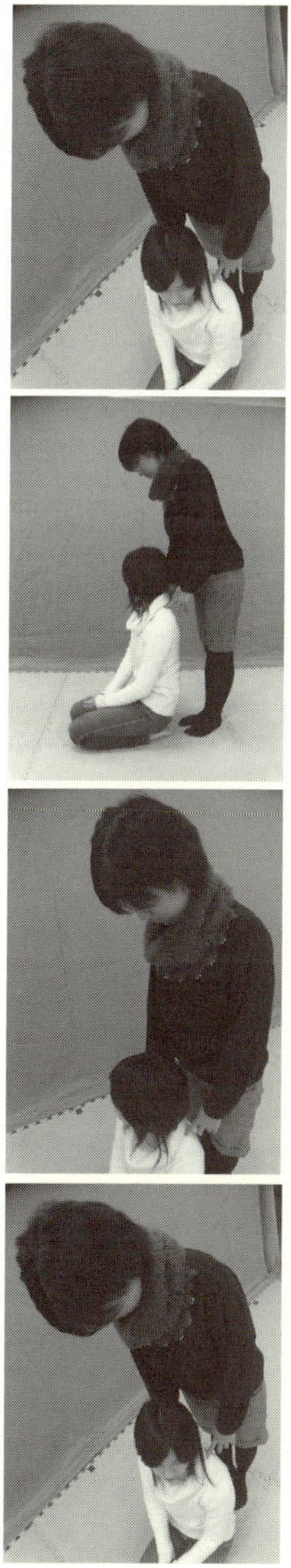

頸椎の左右への捻り具合

【簡易骨格調整法】

以下の３種類の動作を行ないます。

①修練法

歩法を、「1、2、3、……」と声を大きく出しながら、２００歩行ないます。（前著、ＢＢＣの第一課、歩き方、に詳しく解説しています）

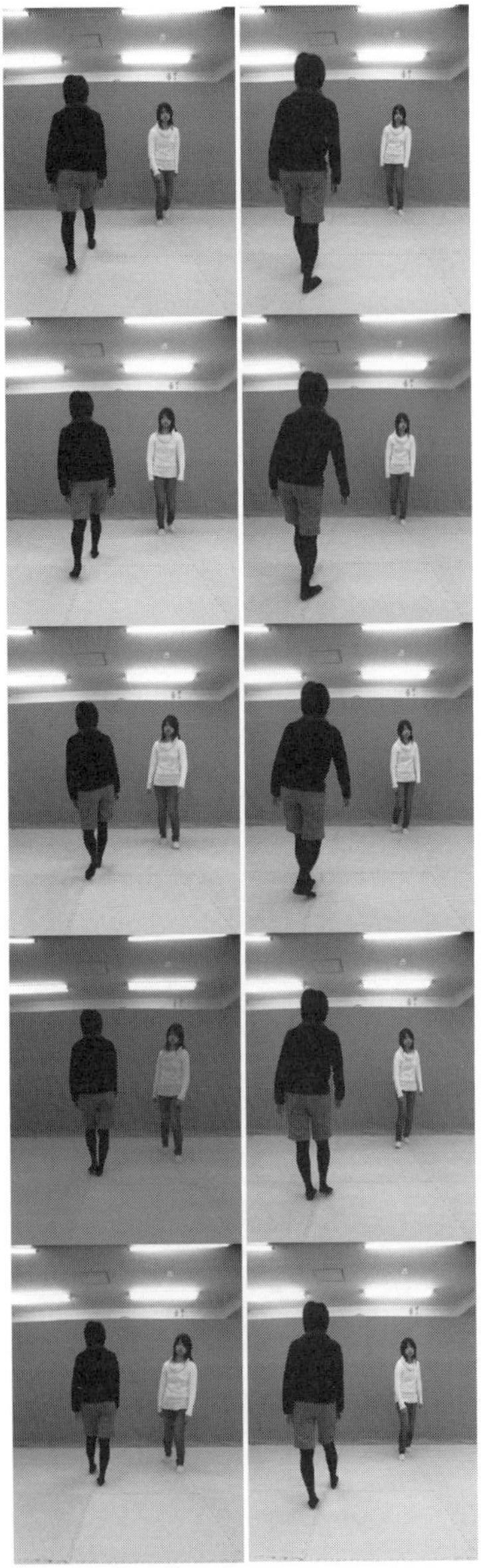

②本著の九転十起修練法の座法裏合掌左右相互吸収受身復位法（五九頁、または前著ＢＢＣの座法裏合掌左右相互受身でも可）を一方が左右交互に５回ずつ、合計１０回行います。

続いて、もう一方の人も同じ動作を合計１０回行ったら、次に移ります。

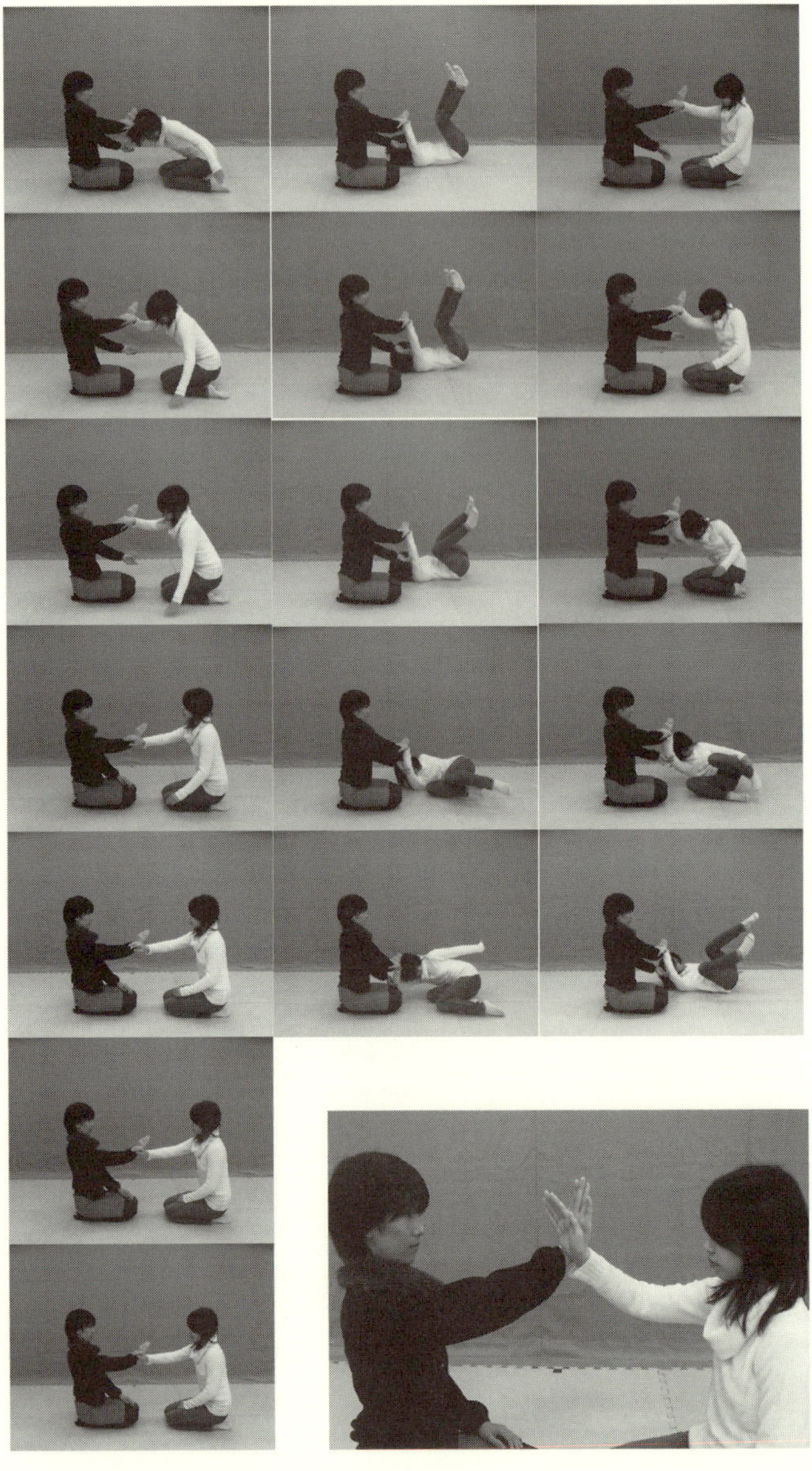

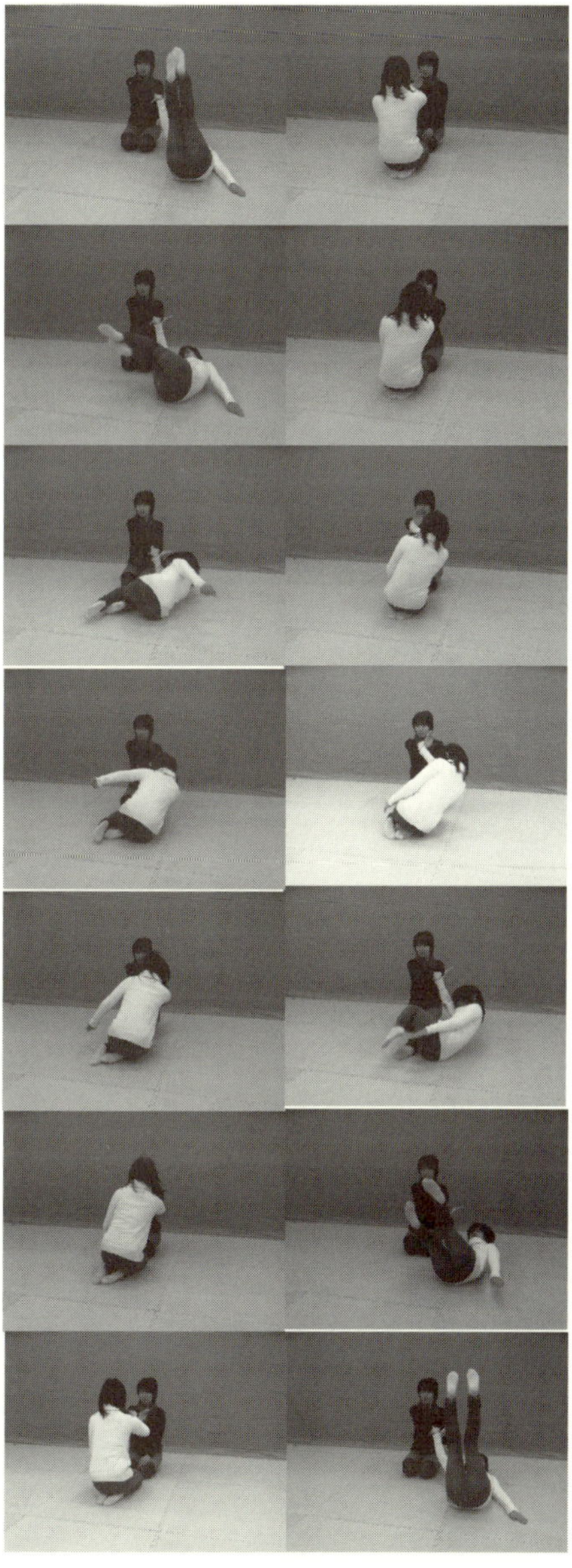

③最後に、同じく立合裏合掌左右相互吸収受身復位法（九八頁、前著ＢＢＣの立合裏合掌左右相互受身でも可）も、左右交互に５回ずつ合計１０回交替して行います。

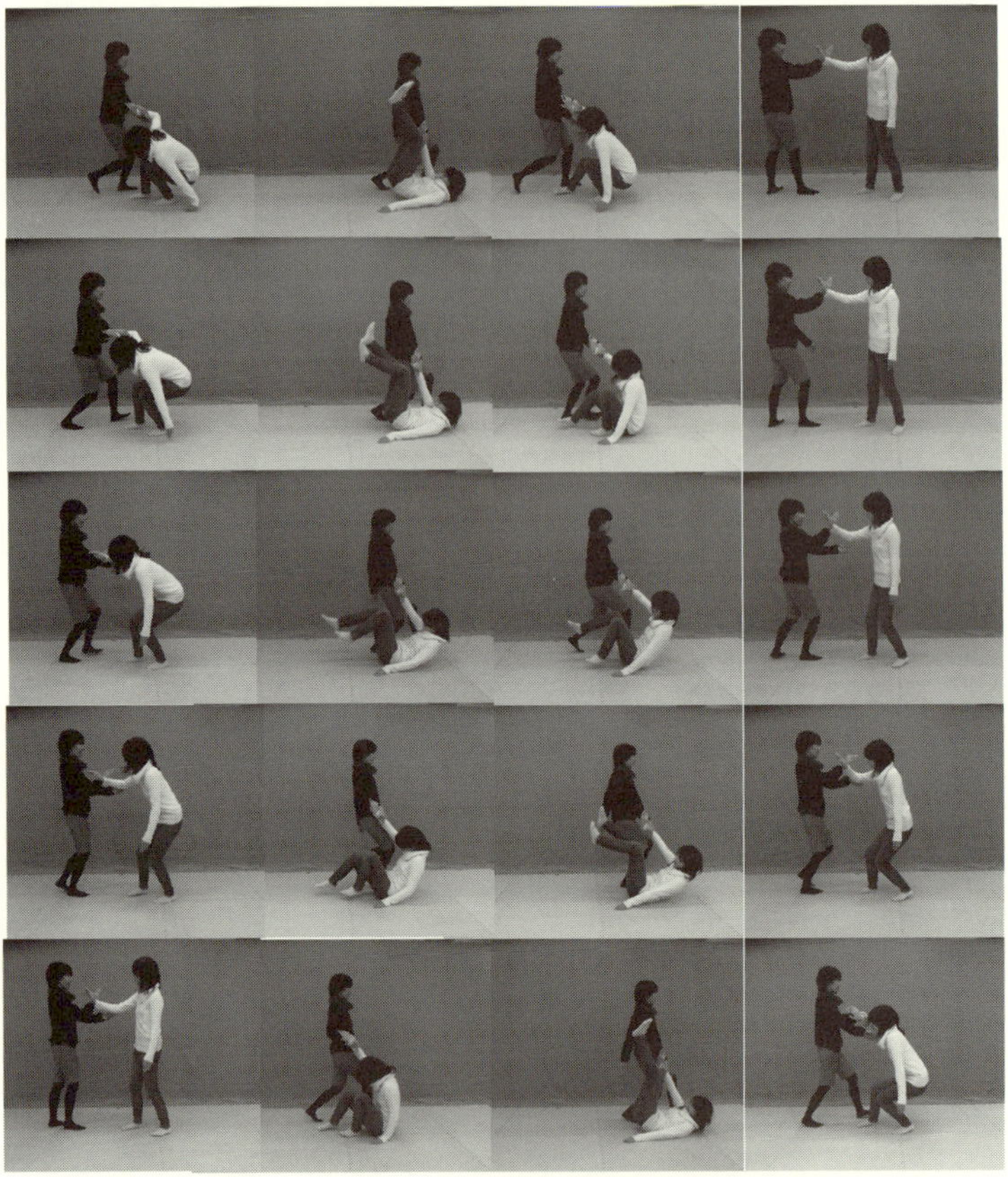

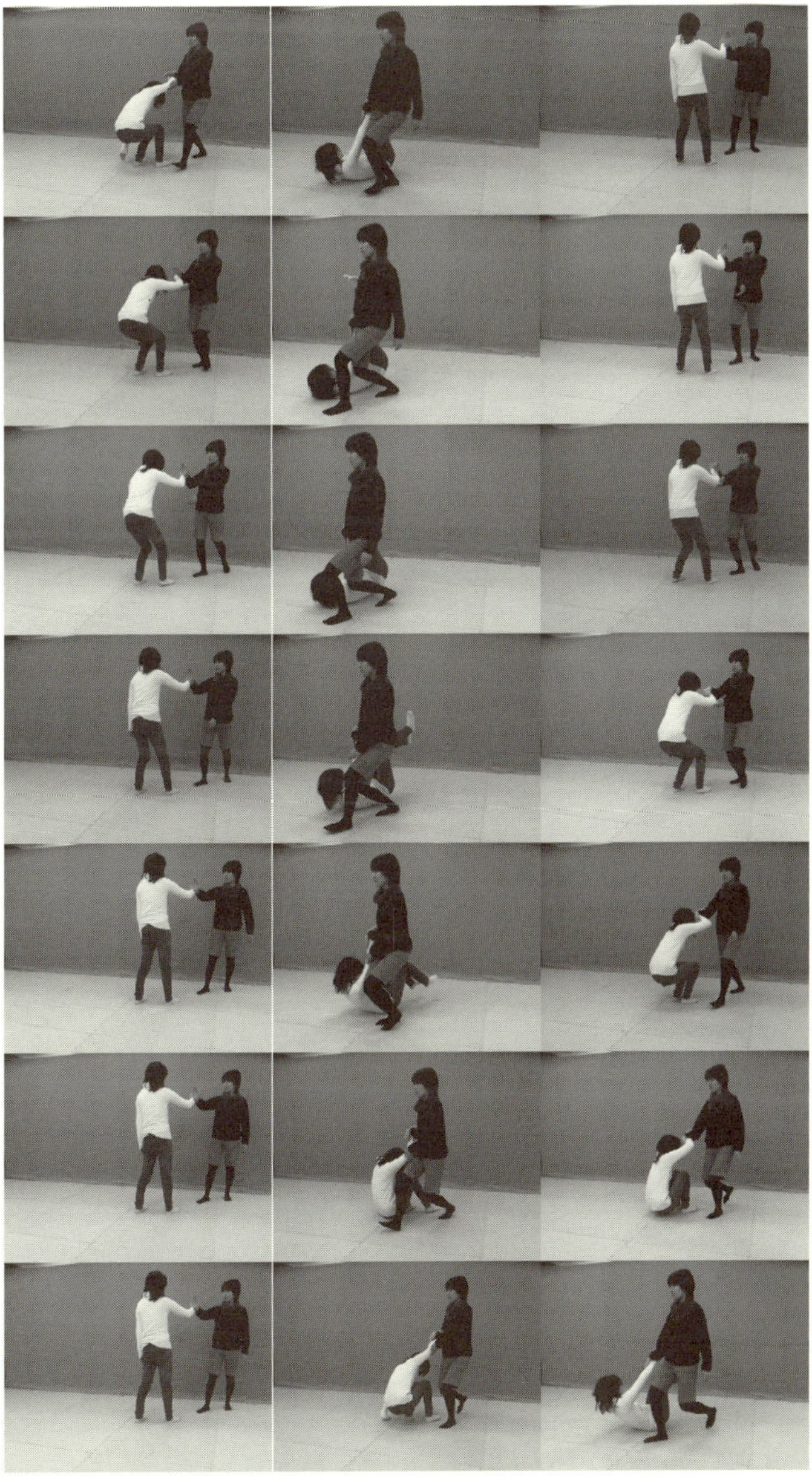

ここで最初に行なった三点チェックをもう一度試してください。
見よう見まねで行った人でも、９０％をこえる人に変化結果が出ているはずです。

２　寝たままの人への応用法

転がったり、起き上がったりできない人への応用法です。
仰向けに寝てもらい、足は肩幅に開いてもらいます。

①こちらは、相手の右肩斜め上方に、相手左足先を見る方向に腰をおろします。必ずしも正座しなくてもＯＫです。つぎに右手を軽く上げてもらい、こちらの右手首をやはり軽く握ってもらい、こちらも握りかえし、左手は相手の右肘に軽く添えます。
この状態のまま、相手は目の前で正座しているとイメージしてください。正座している相手を反時計回りにゆっくりと転がしてあげるイメージで、こちらも腰から上半身を大きくゆっくり廻したのち、

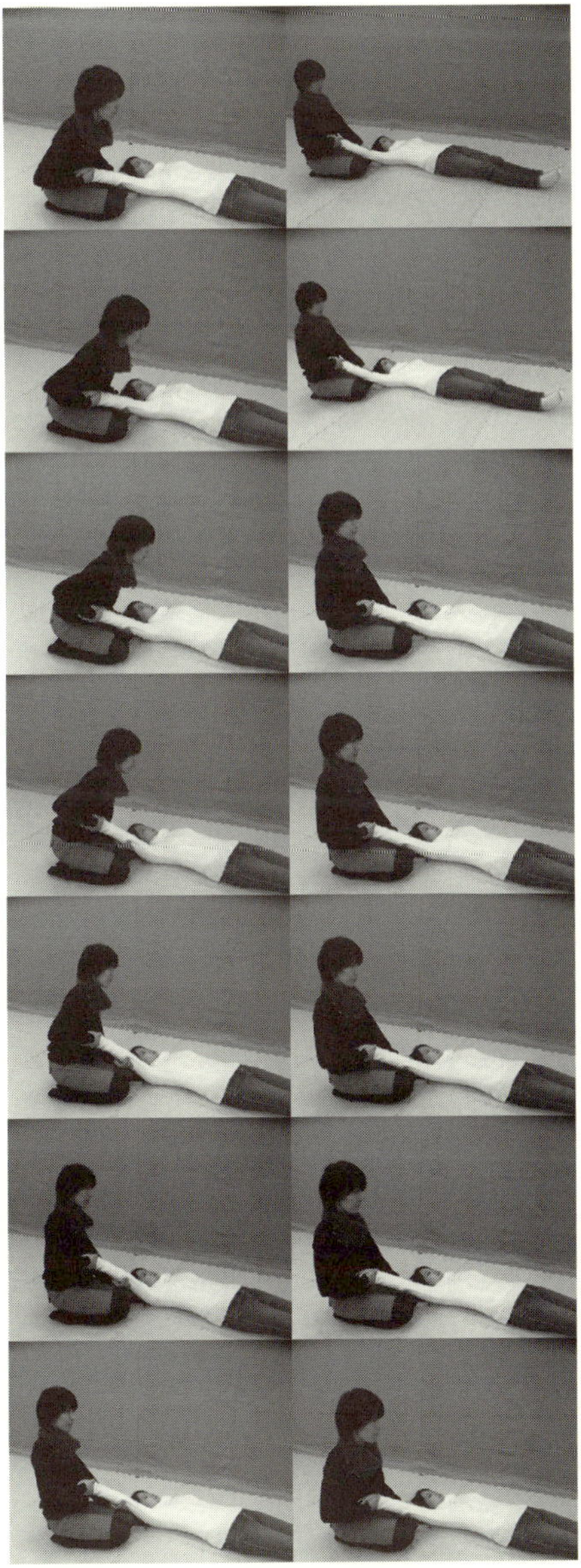

こんどは転がったであろう相手が、起き上がるのを助けるイメージで、引き上げてあげる動作を大きくゆっくり行って、元の状態にもどります（前著ＢＢＣの座法内手持ち相互受身の一方を相手を想像しながら行っています）。これを１０回。

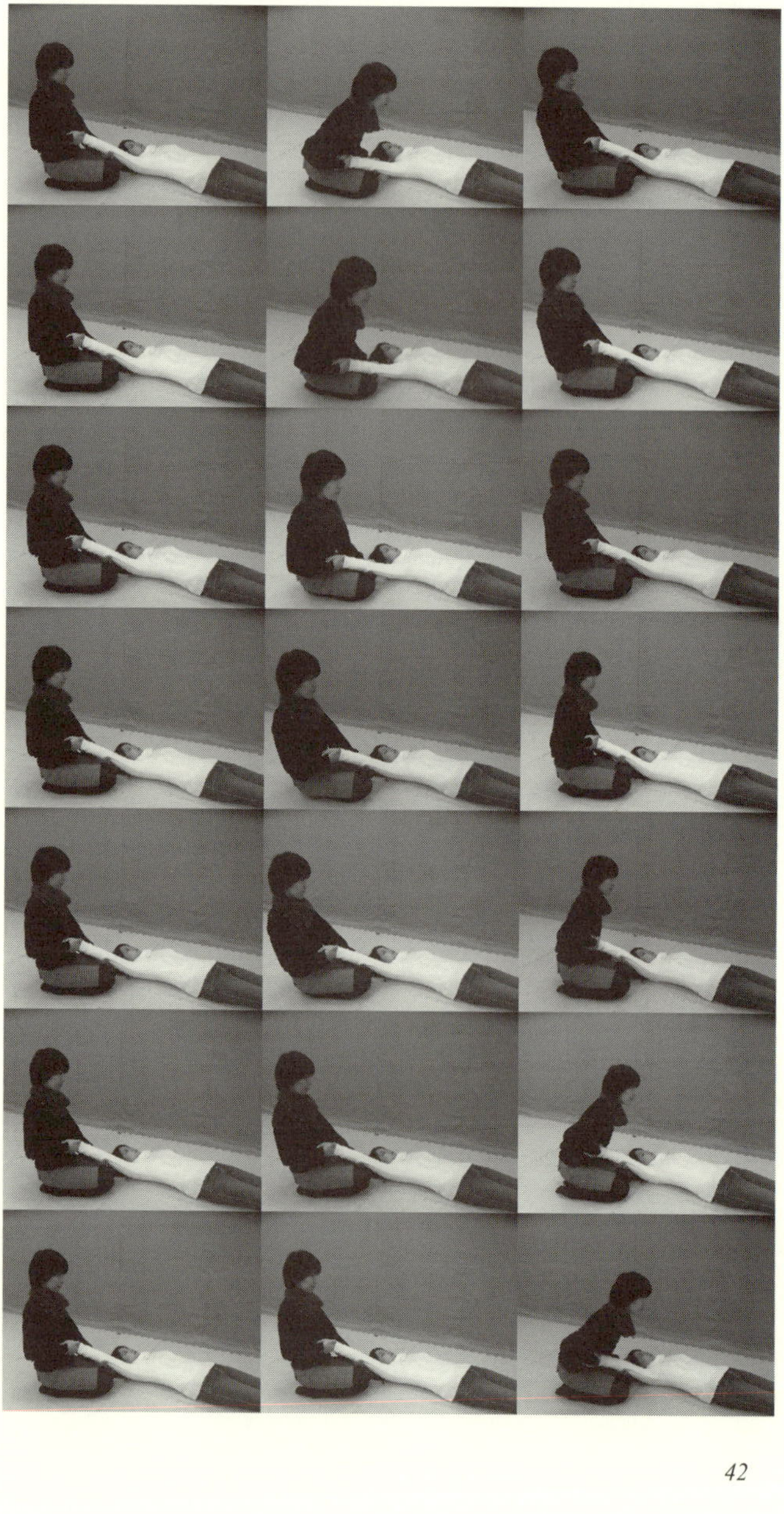

②次に、こんどは相手の左肩斜め上方に、相手右足先を見る方向に腰をおろします。先ほどと同様、左手でこちらの左手首を軽く握ってもらい、こちらも握りかえし、右手を相手の左肘に軽く添えます。この状態から、イメージ上で、正座している相手を今度は時計回りに転がして、続いて起こしてあげる動作を大きく、ゆっくり行います。これも１０回。

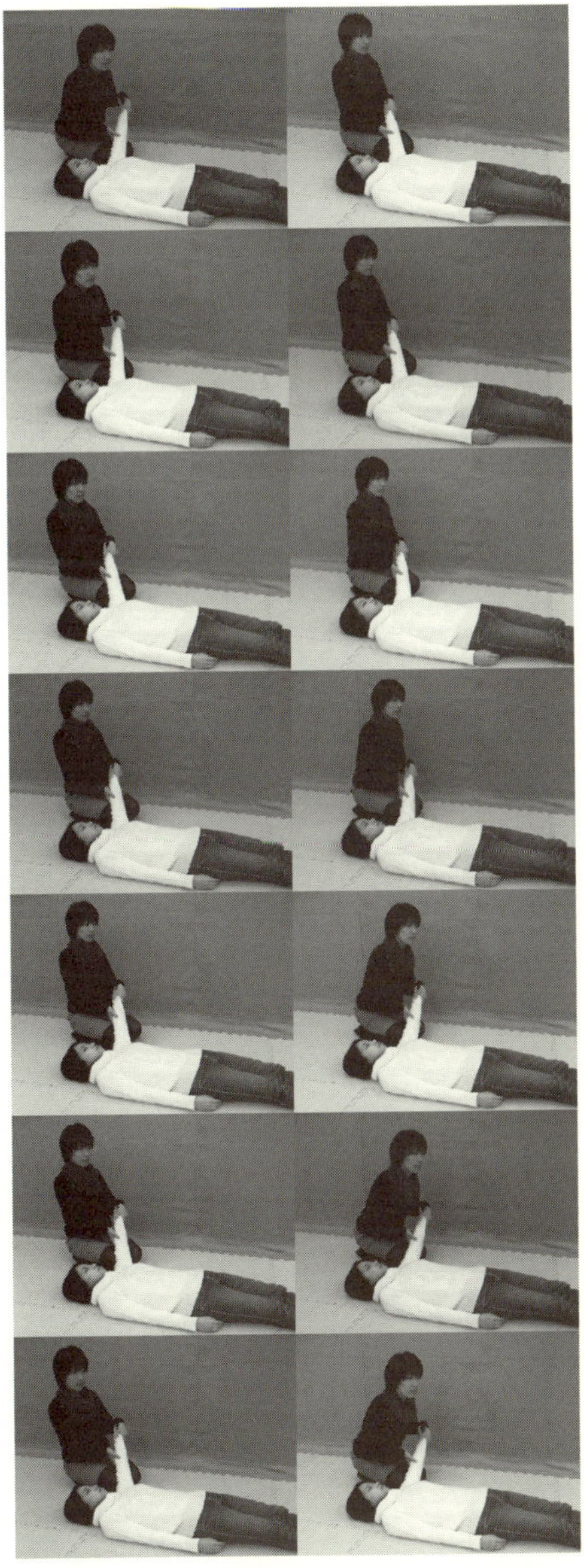

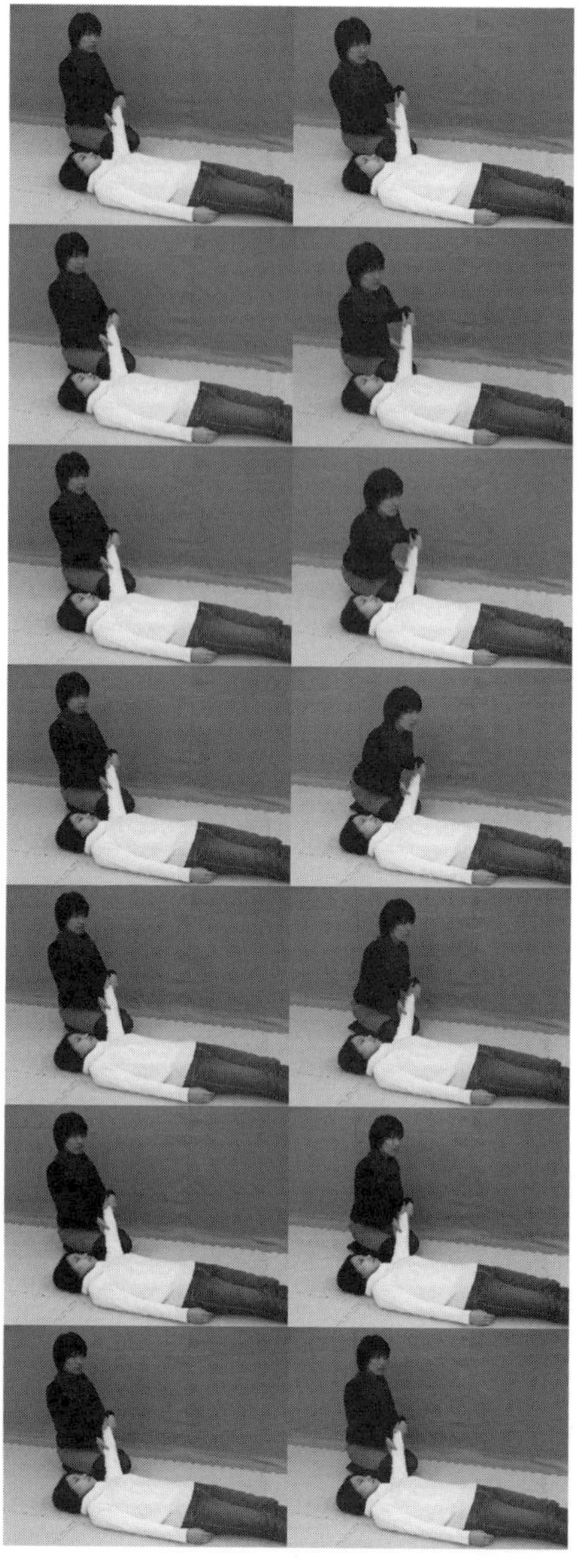

③最後に、イメージ歩法を２００歩行います。

こちらは開脚跳び箱の要領で、寝たままの相手の頭部上方に、足を大きく開いて腰をおろします。相手に軽くバンザイをしてもらい、両手でこちらの両手首を握ってもらいます。

こちらも握り返したまま腰骨を立て、相手の両足先に気を送りながら、両方の座骨に交互に重心を移しながら、座骨歩法を２００歩行います。両方の足指先が交互に微動するたびに、相手が眠り始めたりすれば大成功です。

この方法を、あえて寝た切りではない人に試したところ、通常の操法より顕著な効果が出たことがあり驚きました。お年寄りには全身マッサージ、子供さんにはコミュニケーション的効果で喜ばれること請け合いです。

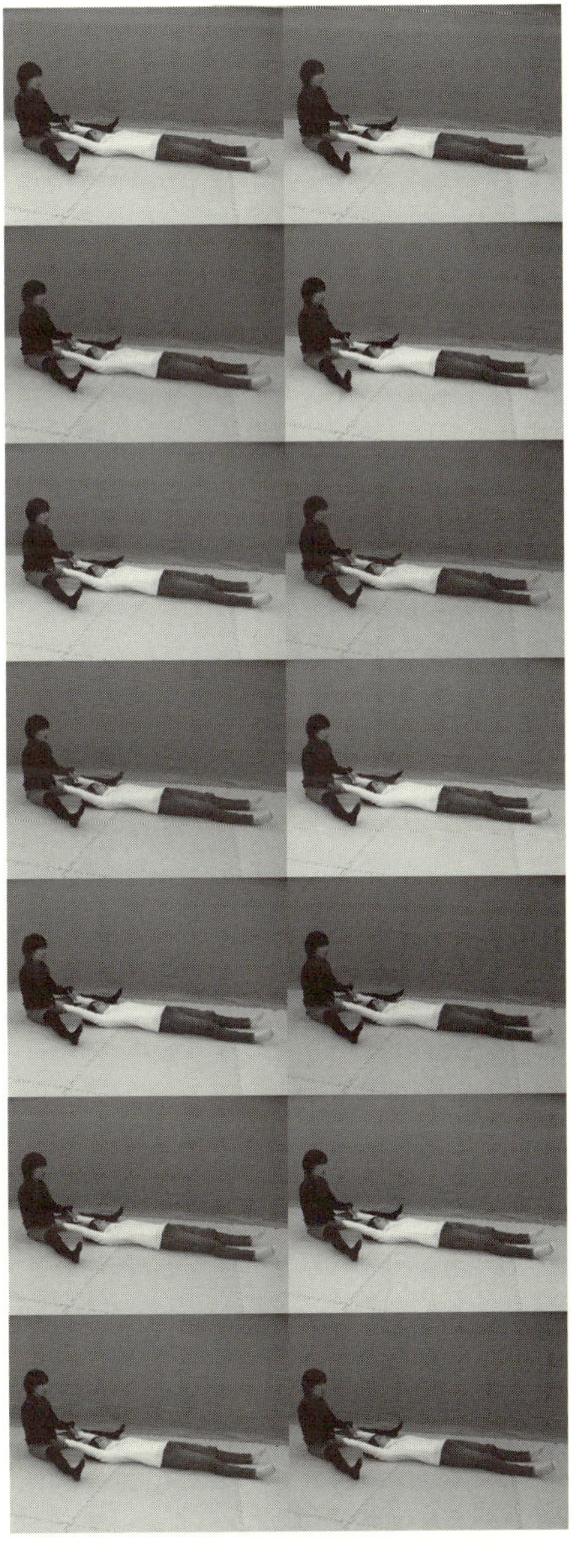

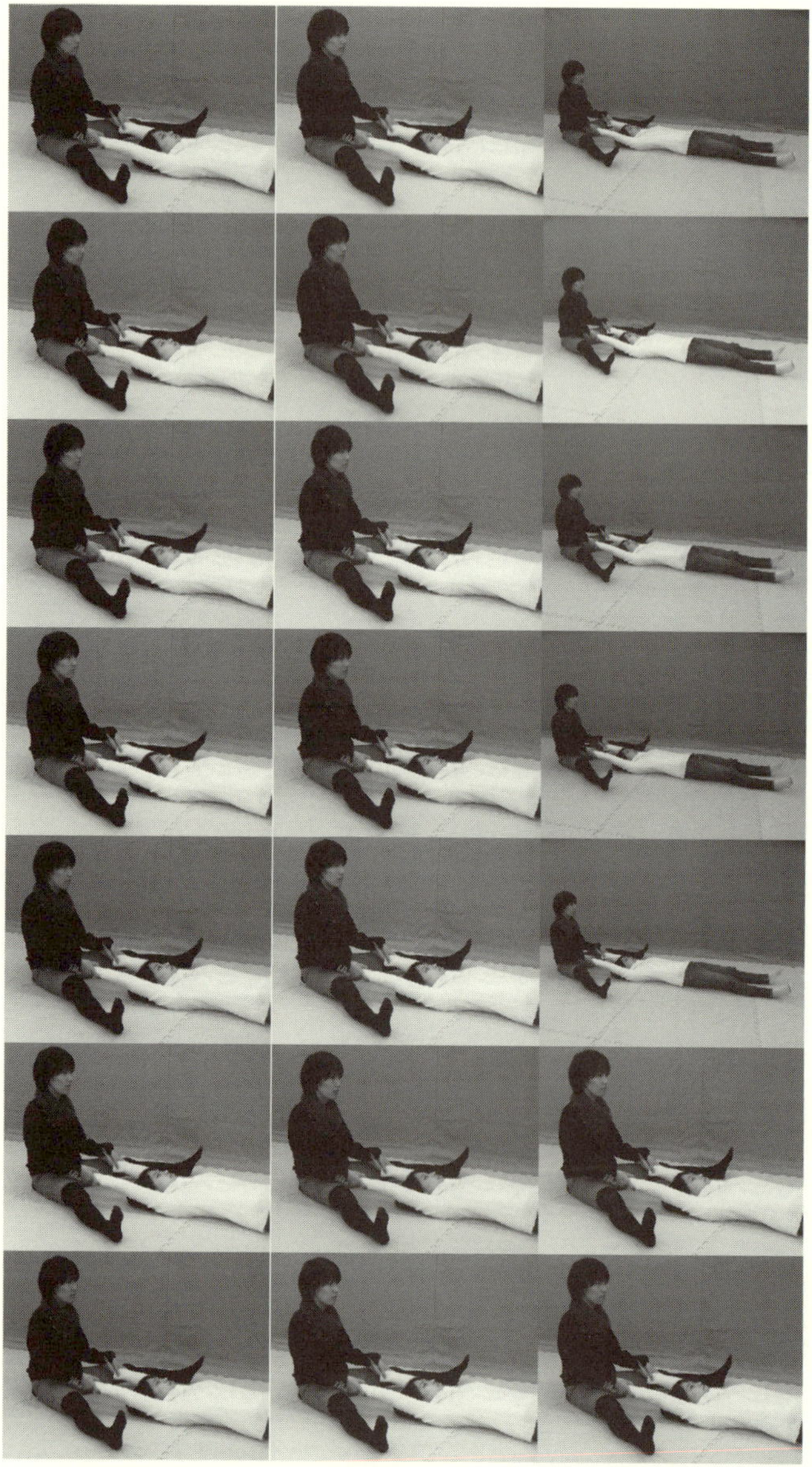

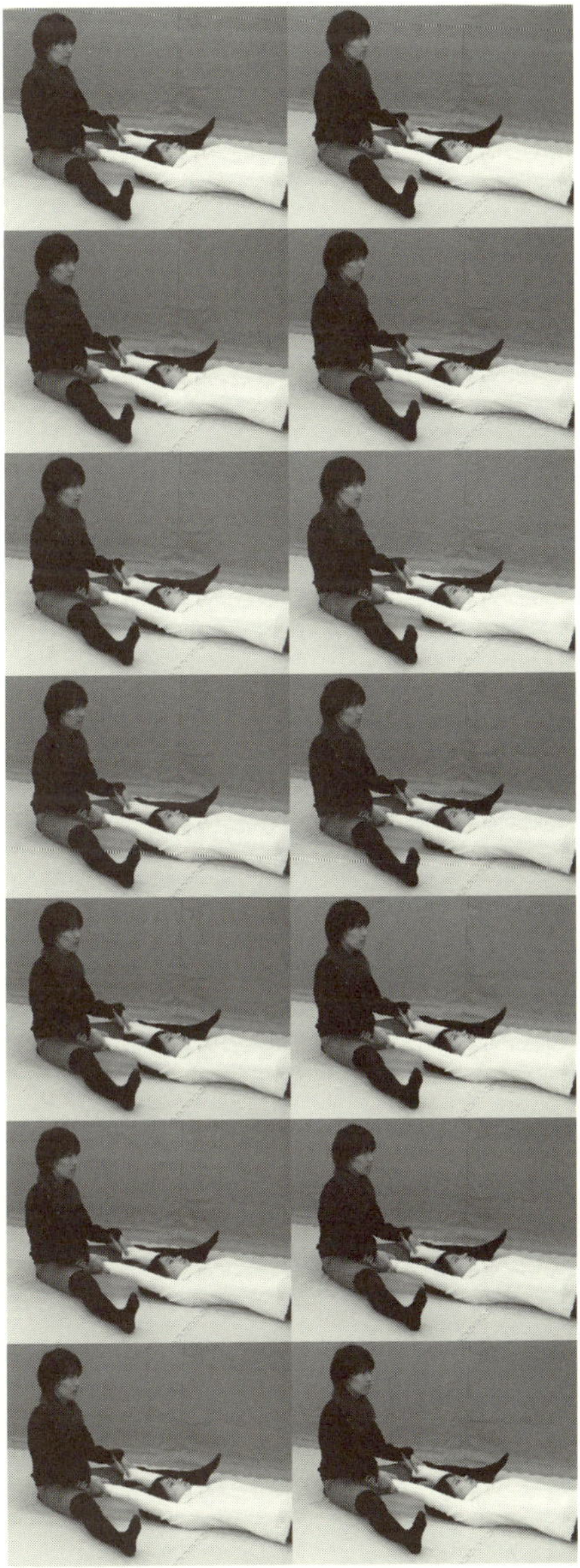

1、2とも、身体だけではなく、精神的ケアの面でも効果があるようです。いわゆる閉じこもり現象の方に奨めたところ、すぐに積極性の芽生えが感じられました。ただし、しばらくはやり続けることをお薦めします。また、相手にしてさしあげることで、自分自身のパワーがアップします。不思議ですが、そうしたもののようです。

3　歩法（自分ひとりでできる簡易骨格調整法）

詳しくは、前著ＢＢＣにゆずるとして、ここでは簡単に説明しておきましょう。

やや前傾になりながら右足前の状態から、スッと右足首、右ひざ、右股関節をほぼ同時にゆるめます。最初は意識的に行い、リラックスしてくるとごく自然に左肩を乗せたままの左腰と左足が、前に差しかわって出てきます。着地のところで、今度は左足首、左ひざ、左股関節をゆるめます。そうすると、こんどは右腰、右足が出てくる。この繰り返しです。

この歩法を単独で行なう場合は、すくなくとも数をかぞえながら１０００歩単位で行いましょう。三点チェックをしてくれる人がいなくても、自然と骨格調整と精神渙発化が同時に行われます。そして、いつしか自分自身の正中線（軸）が感じられるようになればしめたものです。今めざしていることに、きっと新たな変化が訪れるでしょう。

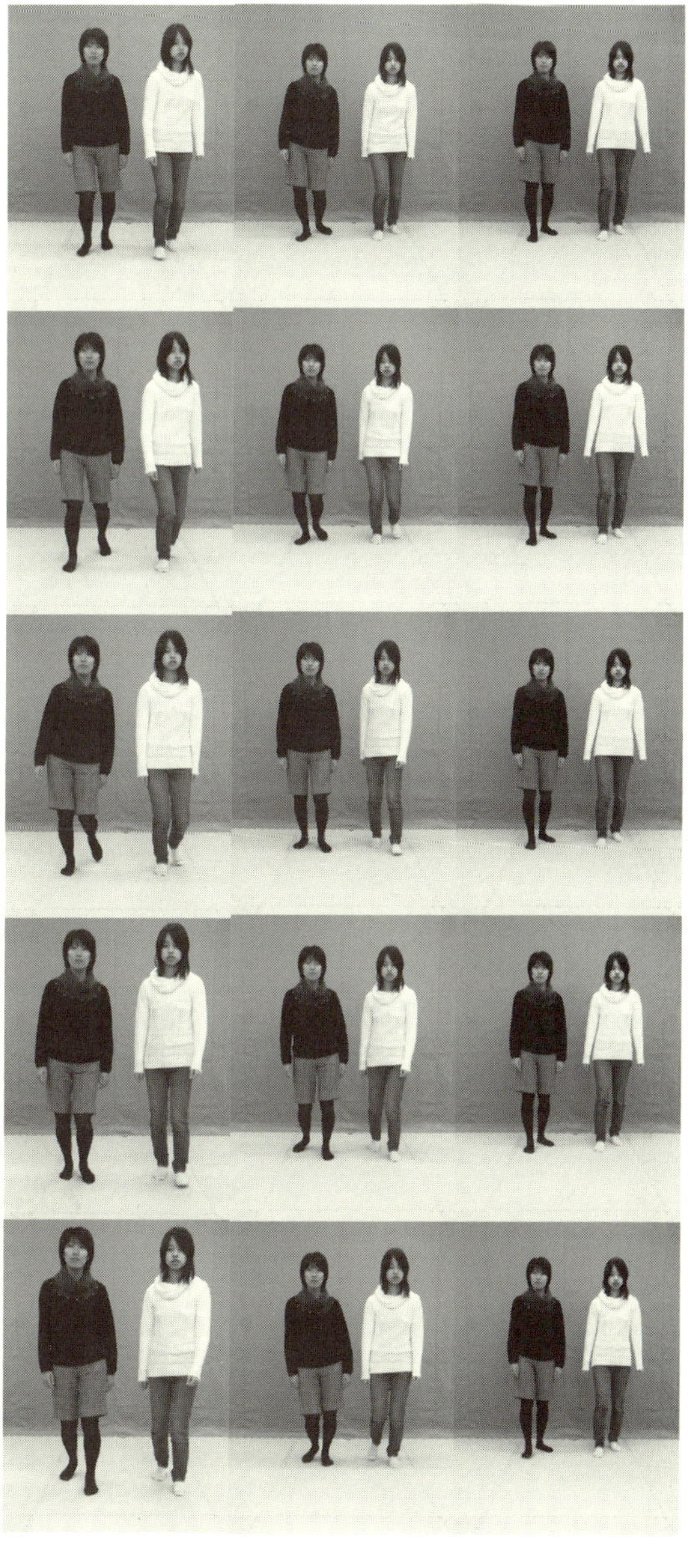

4　裏合掌ろ漕ぎ呼吸法（大自然、そして人とのコミュニケーション呼吸法）

詳述は前著ＢＢＣにゆずりますが、写真を参考に行ってください。双方とも左手左足前と、右手右足前の方法があり、いずれも相手は足底から吸い上げた気を、手を経て我の足底まで送る。我はその気を相手の足底から吸い上げて、手からさらに我が体内を経て足底から大地に返す。

その流れを生みだすポンプ役が、お腹の丹田です。最初はそこで気を一回転させてから、次に送る。慣れてくると、それこそグルグルと高速回転し始める。そんなイメージの呼吸法です。

二人一組で、交互に同じ動作、同じ気の流れを繰り返し行いますが、私はこのことに重要な意味があると思います。最初は姿勢、動作のことから呼吸、数をかぞえることなど、いろんなことを意識します。そのうちに、ひとつ、ふたつ、とそれらが頭から消えていきます。

前にいる人が、もう他人ではなく、鏡に映った自分のような感覚になってきます。相手の心の動きを、ただなぞっているだけの自分のように思えてきます。

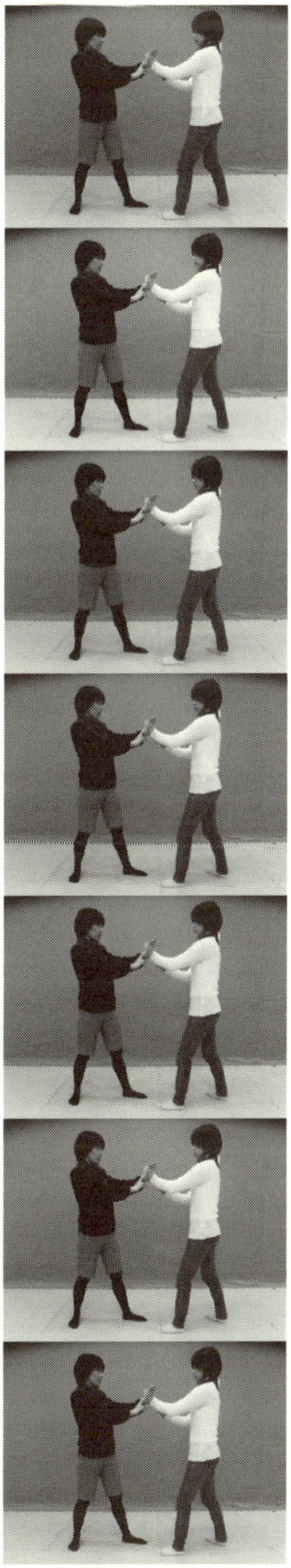

私は武技修練の過程で、同様のことを感じることがあります。相手は倒す対象ではなく、本当はひとつであることを私に気づかせるために、あえて敵役を演《や》ってくれている。こんな思いが頭の中に浮かんでは、消えながら数をかぞえますから、ただ続けることに快さを感じる。そんな修練感覚の心地良さを味わってください。

続けていると、やがて相手のみならず、大自然との一体感がうまれます。

・自然治癒力はもとより、学問・技芸などあらゆる面での向上を信じ、念じて行いましょう。大自然はきっと答えてくれます。

またこれは、次に学ぶ九転十起修練法の質的向上のための基礎訓練であると同時に、自分の修練の方向を見失わないための方向舵的訓練であることも付け加えておきます。

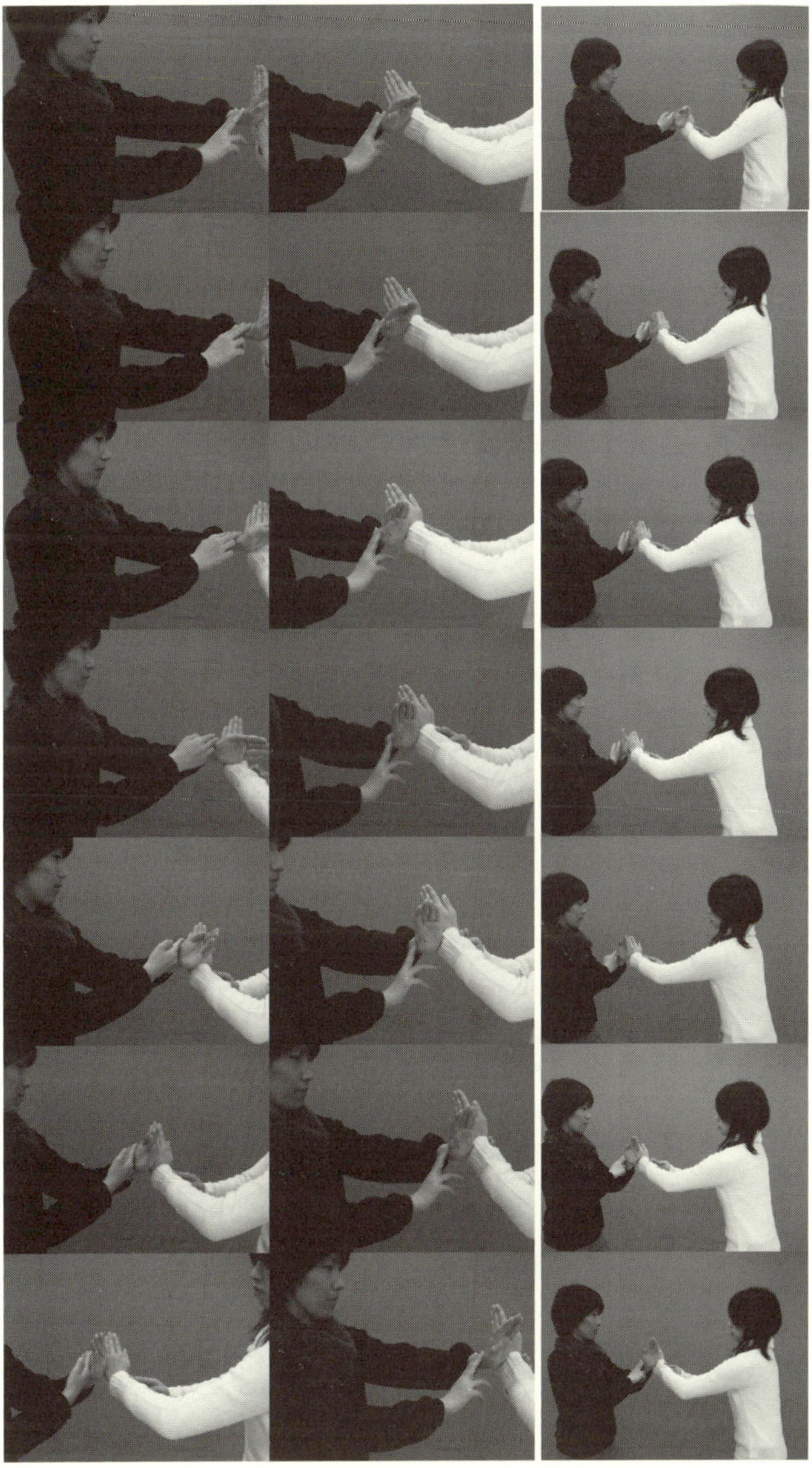

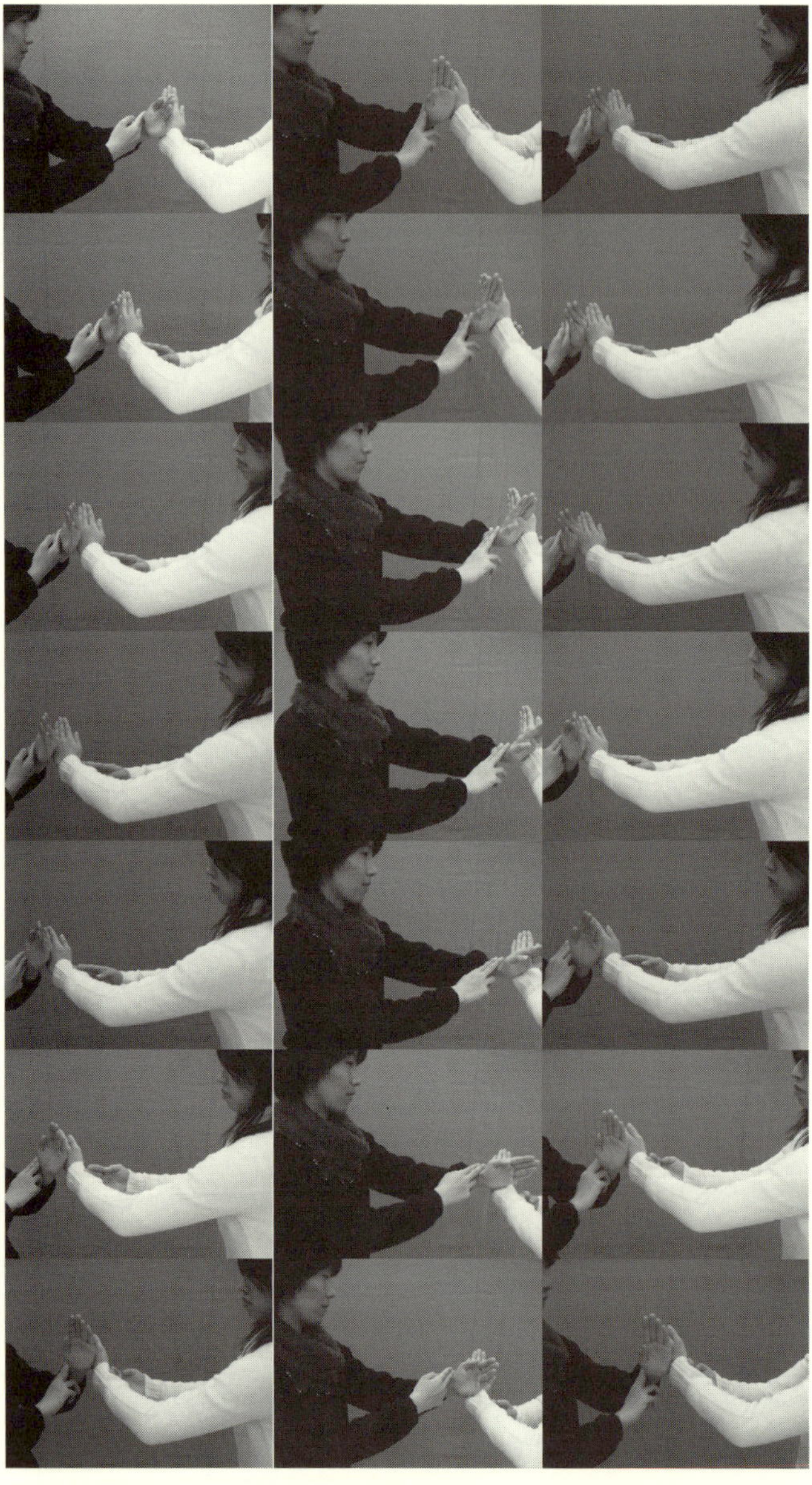

5　九転十起修練法

「I　BBC 七つの扉　6　九転十起修練法」（二六頁）では、何故まず転がるのか、について詳しく述べました。

ここではその補足の意味で、何故倒さないのか、いや何故倒しにいってはいけないのかをおさえておきましょう。

外見だけ見れば、まぎれもなく武道の修練とみられ、倒す訓練と見られがちです。

この世は一寸先は闇、危険に満ち充ちています。自分の身を守るためには外敵を倒す。過剰でないかぎり、これは正当防衛として法律でも認められています。

ここでは、そもそも修行とは人格の完成をめざすものだという論旨はひとまずおいて、技術論から論じてみようと思います。

ここでいう当事者も、若く、大きく、いわゆる身体能力の高い人ではありません。正反対の身体的特徴を持った人物という設定です。

このような人が、屈強な相手を倒してやろうと向かっていった場合、その意思が生じた段階で簡単に察知され、反対にねじふせられるでしょう。

ＢＢＣとは、その意思と行動の両面で正反対の対処をしてみようという提案なのです。極論すれば、相手を攻撃しようという意識ほど危ないものはありません。

日本古来の武術の戦略は、攻撃を無にさせた後、相手を制圧するというものでした。力対力はスポーツの世界です。

一言でいえば、攻撃の意識と動作はすぐに相手に読まれ、抵抗されるのはじつは当たり前のことです。ただし、この相手を攻めない意識を身につけるのは、通常の人生を送ってきた我々にとっては至難の技です。それでもなんとか相手を攻めようという意識を消したい。そのためには彼我一体となる訓練がいります。そうして苦労の末に生まれた方法が、このＢＢＣです。

もう一度いいます。相手の攻撃をかわすというよりも、徹底的に受けようというのです。

野球のバッテリーを想像してみてください。

投手の投げる剛速球でも捕手のミットにおさまれば、そのスピードは一瞬でゼロになります。まずは受けるだけで衝撃も吸収するとは、そういうことです。じつはこの感覚を本当に自分のものにできたなら、それは他のことにも転用できます。

ただし、そんなに簡単なものではありません。野球でも一流の投手の球を受ければ、ミットの内側の掌は腫れあがることでしょう。たぶん、一流の捕手は掌を鍛えるだけではなく、身体全体を使ってそのパワー（衝撃）を吸収しているのです。

ＢＢＣでは、その最初のステップとして、転がるという動作を取り入れました。いいかえれば、相手のパワーを、自らの身体を通して大地に返すのです。このイメージと身体の動きを一体化して、転がる、起き上がる、そして元に戻る。この動作を１０回、２０回と繰り返します。すると、すぐに何も考えない、考えられない状態になります。そして間もなく、新しく、不思議な感覚がやってきます。

いうまでもなく、ＢＢＣは武術ではありません。ただ、ＢＢＣを常習している人は、いわゆる形武道や実戦型武道など、それだけに打ち込んでいる人に比べて、習得の時間や質に顕著な差がみられた、という事実があることを付け加えておきます。

座法

① 座法裏合掌左右相互吸収受身復位法

ＡさんＢさん両者正座で相対する。まず、Ａさんが丹田ポンプをイメージしながら、床から気を膝、腰、肩と吸い上げ、それを左腕に移しながら、さらに肘、手首へと流しつつ、左手掌を軽く開いたままBさんの顔面にかまえます。

すかさずBさんは、同じく丹田ポンプをイメージしつつ、左手を上げて手首同士、小指側と小指側が合うように受け（裏合掌）、Aさんの送る気をさらに肘、肩、腰、膝、床に流します。

同時にその気の流れに合わせ、BさんはAさんの手首に、左手小指をフッとからませながら（Aさんも同じ動作で応じる）、いったん上体を軽く後ろに倒しながら、正対のままのAさんの腕と引っ張り合う直前に、今度は左側に上体を倒し、転がります。腹部が真上を向くのにあわせて、膝を伸ばした両足が真上にきたところで動きを停めます。

Bさんはその反動を利用して、元の方向に転がり（合わせてAさんは右手をBさんの左肘に添えて軽く引きあげ）正座にもどります。

今度は右手に替えてAさんBさん共に同じ役割を演じます。

左右5回ずつ、合計10回で役割を交替して10回。

これが基本です。

これら一連の動作にもそれぞれ意味があります。

まず、最初に気を送るAさんは、Bさんを引き上げる動作のイメージを十分に記憶しましょう。じつはこのイメージ動作を、前著ＢＢＣの座法裏合掌相互受身にあてはめることができます。例えばＡさんが、Ｂさんをつい倒しにいってしまい、逆に抵抗されてお互いに気まずい思いをするようなことがあります。

こんなとき、いったん先ほどの引き上げイメージの動作を軽く行った後、続けて気を送りつつ身体と手の動作に入ると、滞りが消えてＢさんも転がりやすくなります。

さらに修練が進むと、「Ｉ　ＢＢＣ　七つの扉　１　すべてはひとつである」（一八頁）の意識のコーナーで触れている、立ったままの人が、じつは頭を向こうに寝ているとイメージし、それをソッと引き上げ、起こすイメージで本来の動作につなげると、逆に相手はコロッと転がり寝てくれるという実験にも応用できます。

このときの被験者（体験者）に聞くと、「下（床）からスーッと掬い上げられたように感じる」そうです。転がるＢさんの場合は、いったん転がって起き上がる、このときの復位するときの力（以下、復位力）がポイントです。この復位力の応用については後ほど本著で詳述しますので十分に訓練を楽しんでおいてください。

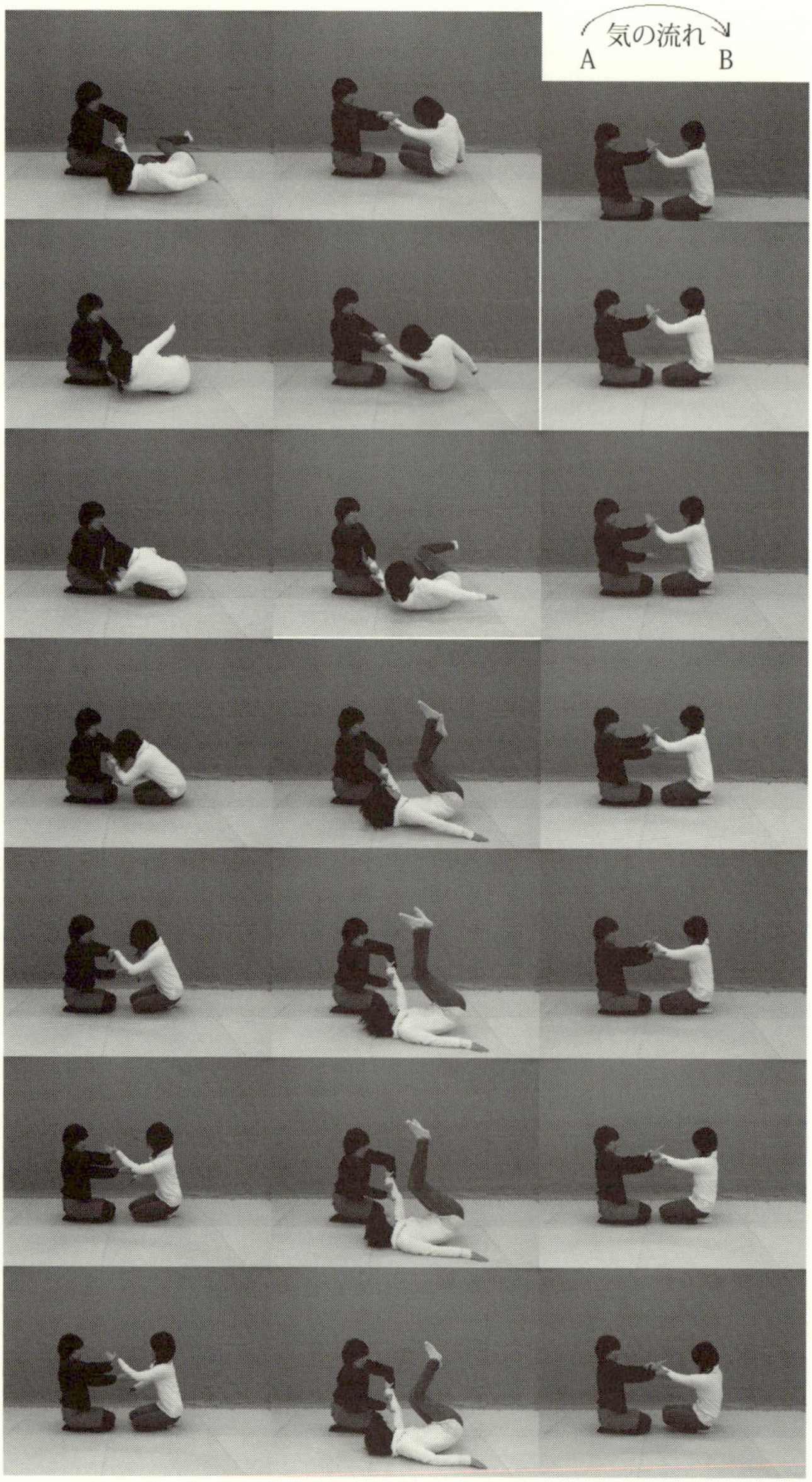
気の流れ
A
B

気の流れ
B
A

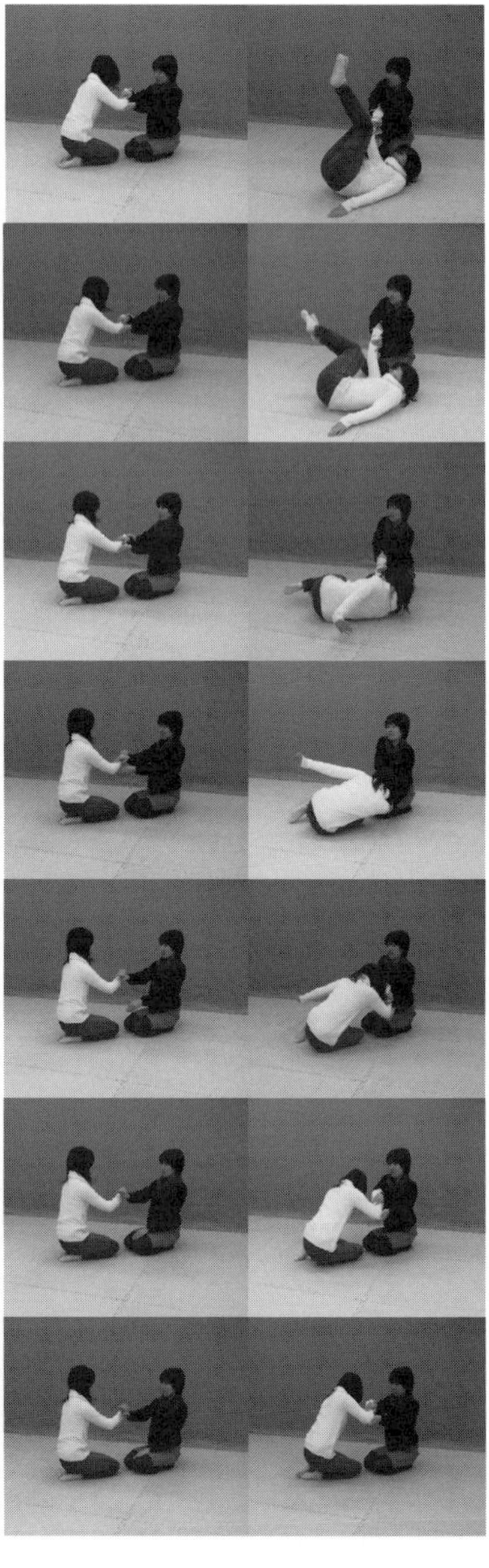

② 座法内手持ち左右相互吸収受身復位法

今度は左手（右手）で左内手首（右内手首）を握ってからの修練法です。

AさんBさん両者正座で相対。まずBさんがAさんの左内手首を握ります。

Aさんはただ握られるだけではなく、床から吸い上げた気をBさんの全身を通して膝から床まで送ります。このとき同時に右手は軽くBさんの左

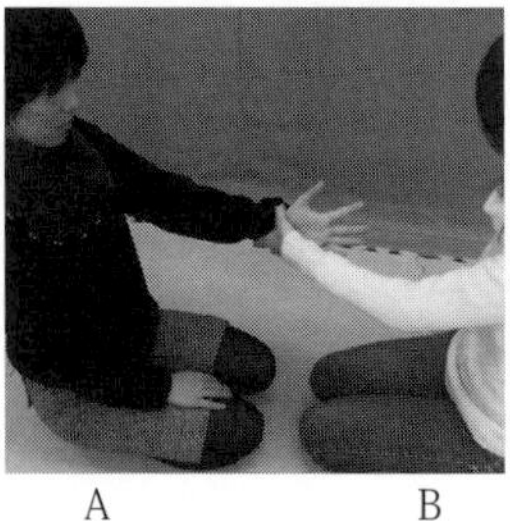

A　　B

肘に添えておきます。

左内手首を握ったBさんは、同時に丹田ポンプをイメージしつつAさんの気を全身で吸収、その流れに沿って床下まで送りながら、いったん上体をフワッと後ろに傾け、その流れを続けて今度は左側に受身。両足が腹部の真上にきたときに動きを止め、その反動を利用して元の方向に転がり（合わせてAさんは右手をBさんの左肘に添えたまま軽く引き上げ）正座に戻ります。

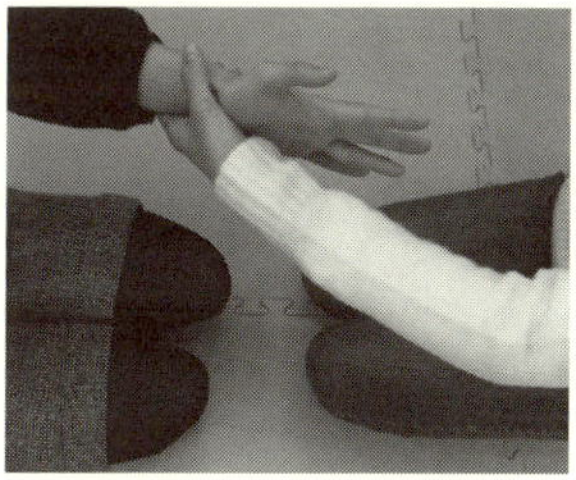
A　B

今度は右手に替えてAさんBさん共に同じ役割を演じます。
左右5回ずつ、合計10回で役割を交替し10回。
Aさんの引き上げるイメージと、Bさんの復位するときの感覚と生じる力（復位力）の訓練であることは、①の裏合掌左右相互吸収受身復位法と同様です。
先に内手首を握られる役割のAさんは、ついついBさんの転がることへの手助けをしたくなります。ここではジッと我慢、気を送ることだけに集中してください。Bさんが転がっているときもキチッと正中線を保持し、実際に身体を使うのはBさんの起き上がりの動作を補助するときだけです。

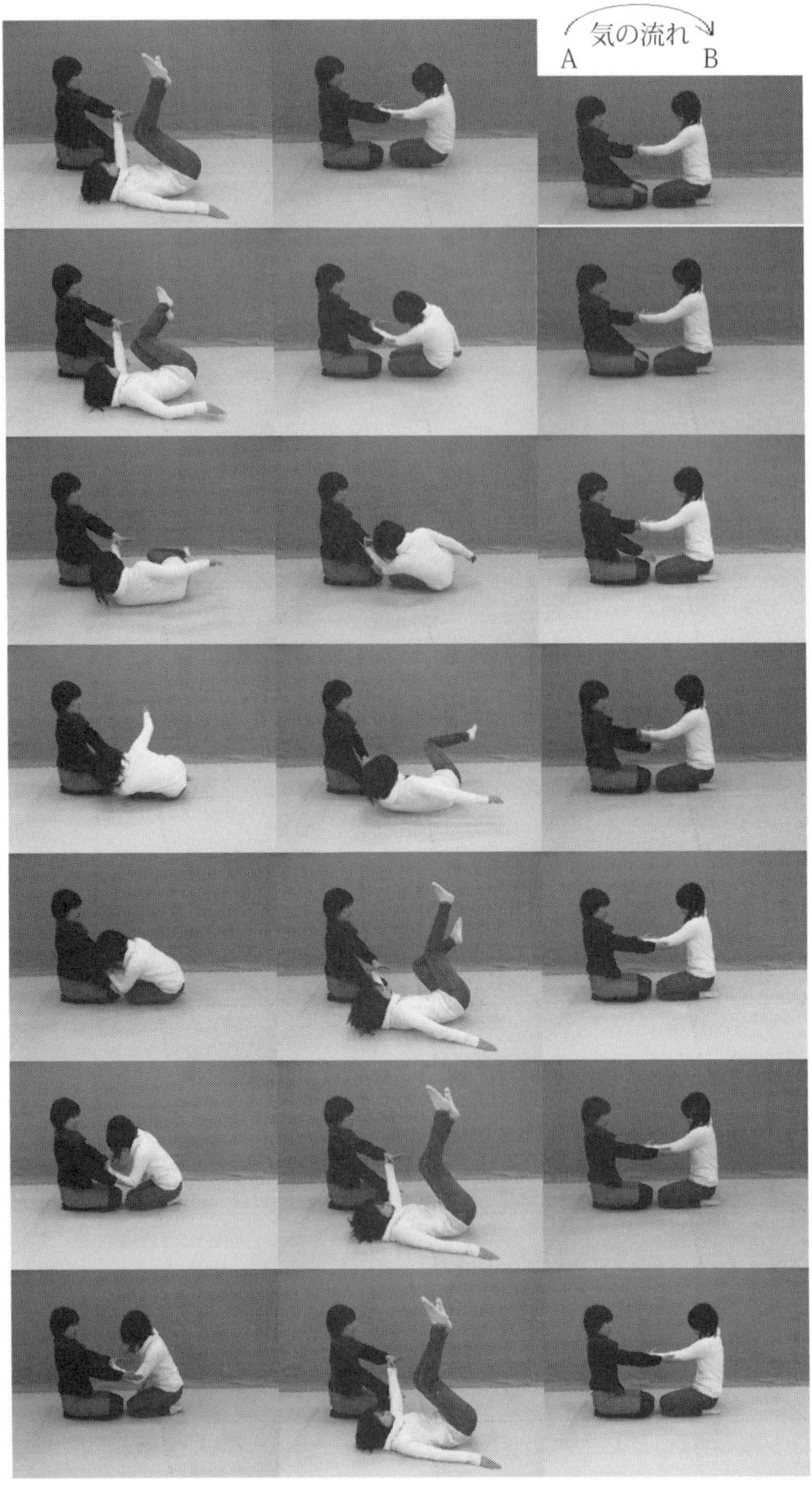
気の流れ
A
B

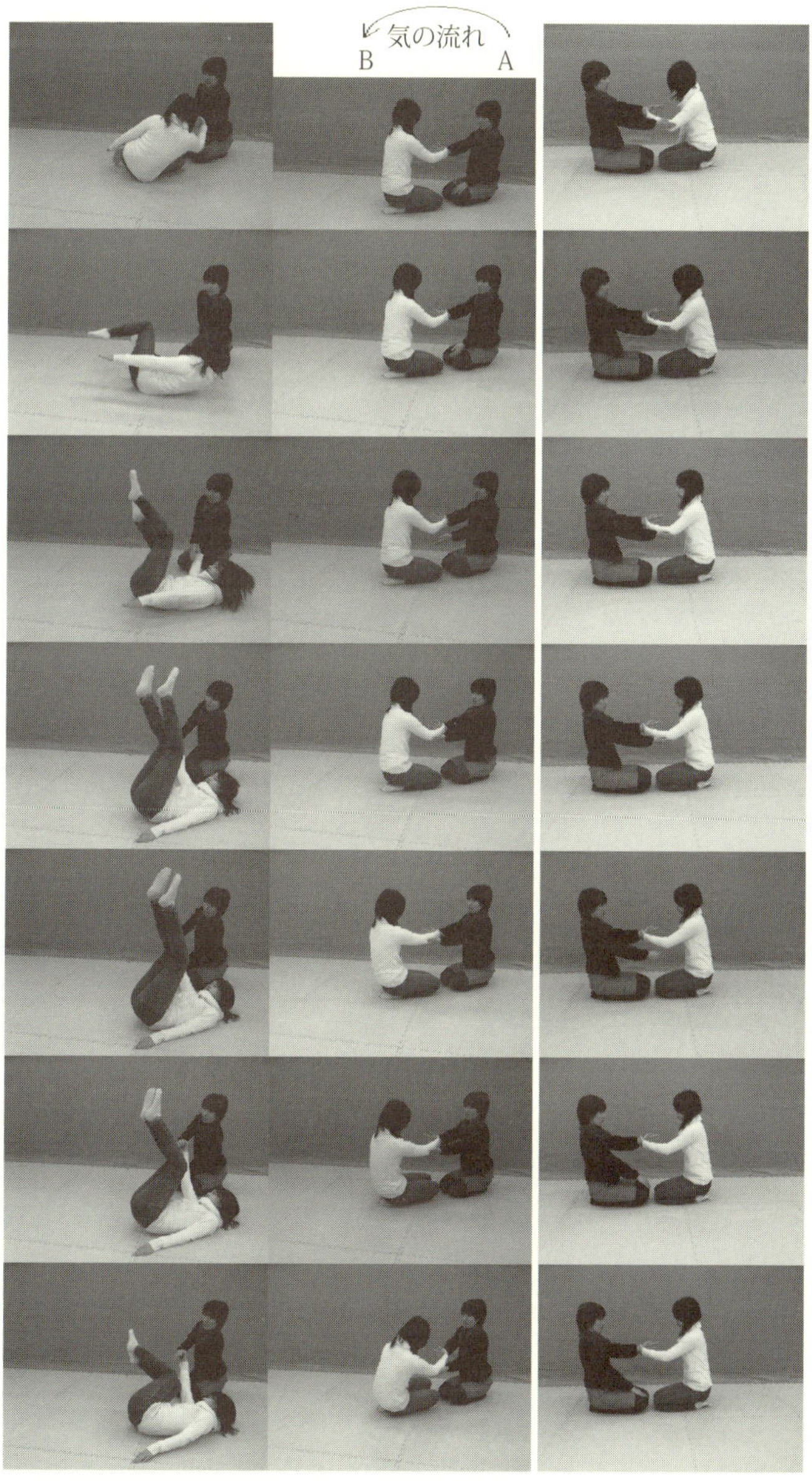
気の流れ
B
A

③　座法逆手握り左右相互吸収受身復位法

AさんBさん両者正座で相対。まずAさんが左手をBさんの顔の前に構えます。Bさんは左手でAさんの左手首を小指側から逆手に握ります。Aさんは前法同様に床から吸い上げた気を左手からBさんの腕、全身を通してBさんの床下まで送ることはいうまでもありません。

同時にその気の流れに合わせて、BさんはAさんの手首をしっかりと

A　B

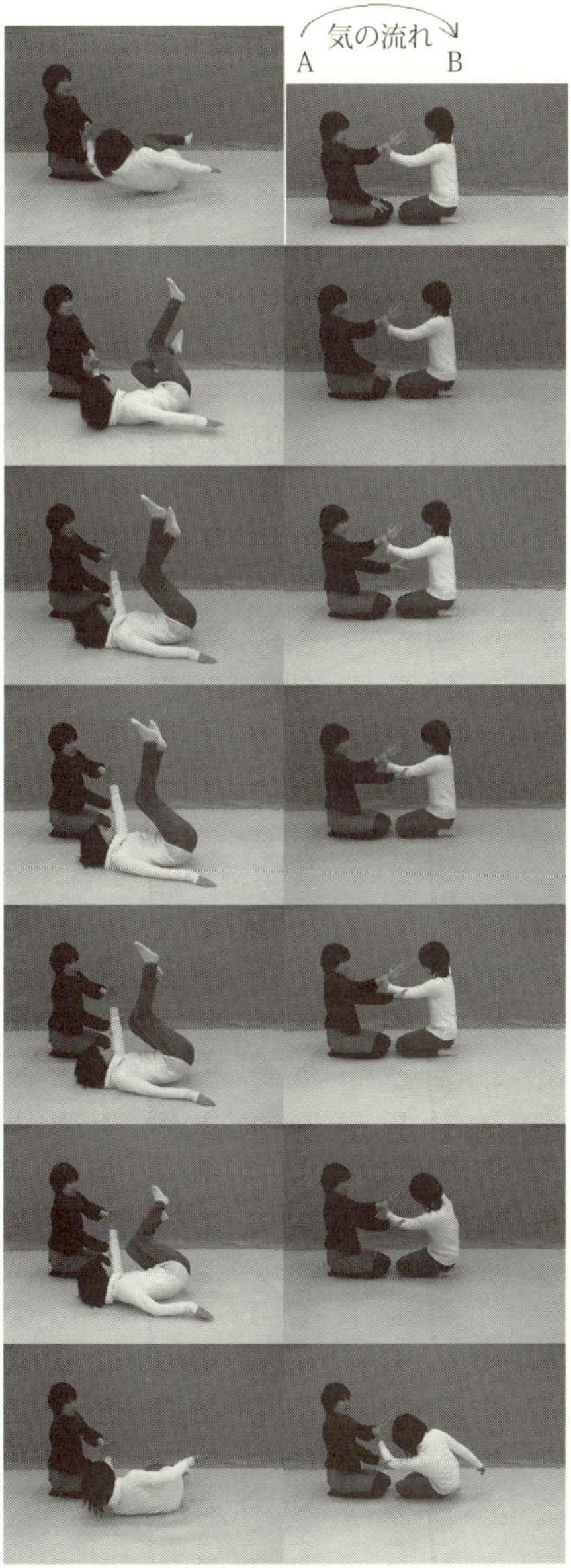

握ったままいったん上体を後方にフッと傾け、つづいて左側に向かって受身。腹部が真上に向くのに合わせて両足の膝を伸ばして停止。すぐにその反動を利用して元の方向に転がり（合わせてAさんはBさんの左肘に右手を添えて受身を補助したのち、軽く引き上げ）正座にもどります。

今度は右手に替えてAさんBさん共に同じ役割を演じます。

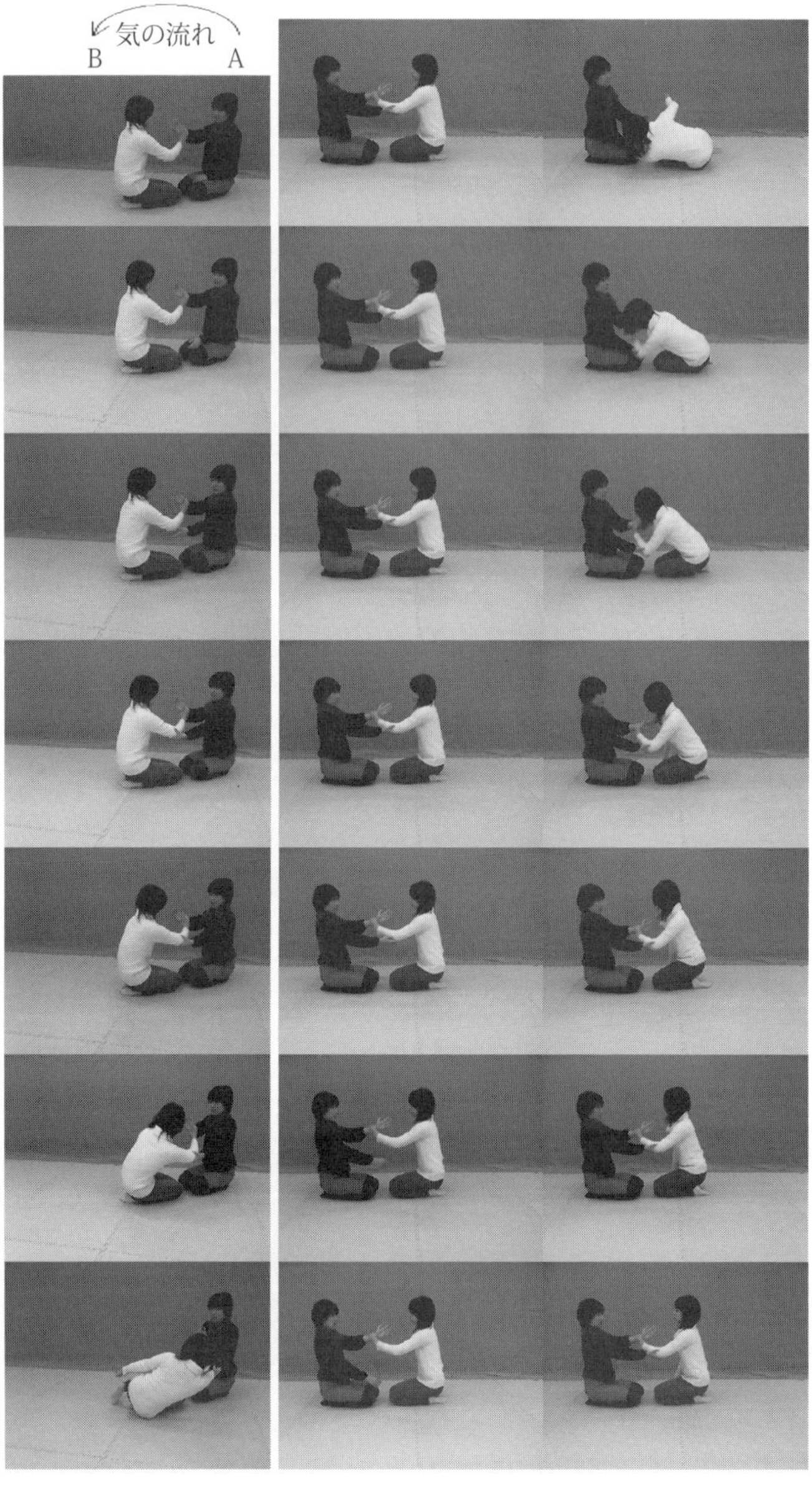
気の流れ
B
A

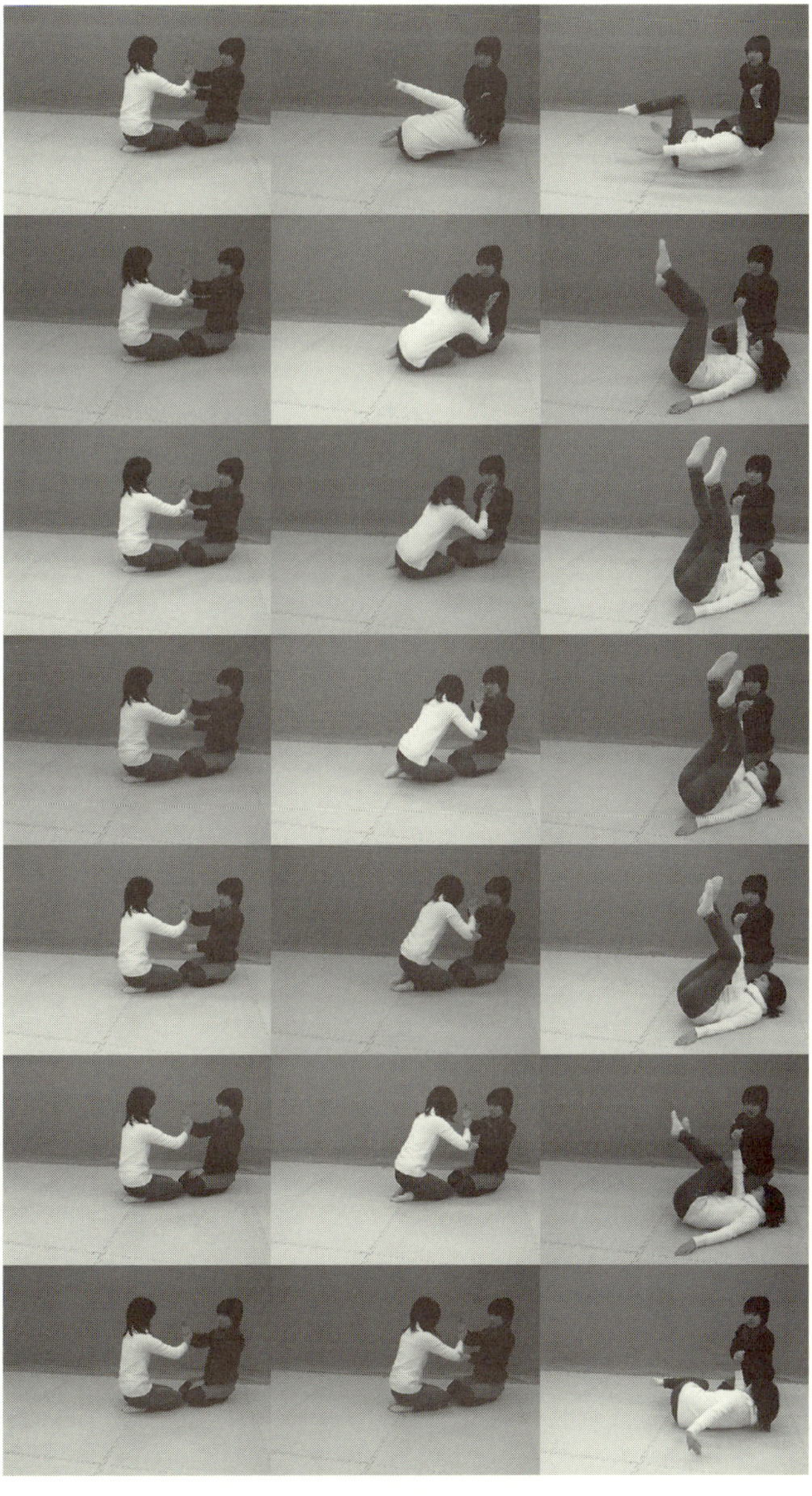

④　座法上段突き内受け左右相互吸収受身復位法

最近の女子大生は結構突いたり蹴ったりがお好きなようで、こんなメニューも喜ばれます。

AさんBさん両者正座で相対します。Aさんは①～③同様のイメージで左拳をBさんの顔前に突き出します。Bさんは伸びてくるその拳を両手でフッと包みこむように受け、そのパワーを床に送りつつ上体を軽く反らせて吸収。

そのまま気の流れを止めることなく左にころがり（受身し）、膝を伸ばした両足が真上にきたところでいったん停止、反動を利用して逆回転し元の正座にもどります。AさんもBさんの起き上がりの動作に合わせて、右手をBさんの左肘あたりに添えて軽く引き上げます。

今度は右拳に替えてAさんBさん共に同じ役割を演じます。

左右５回ずつ、合計１０回で役割交替。

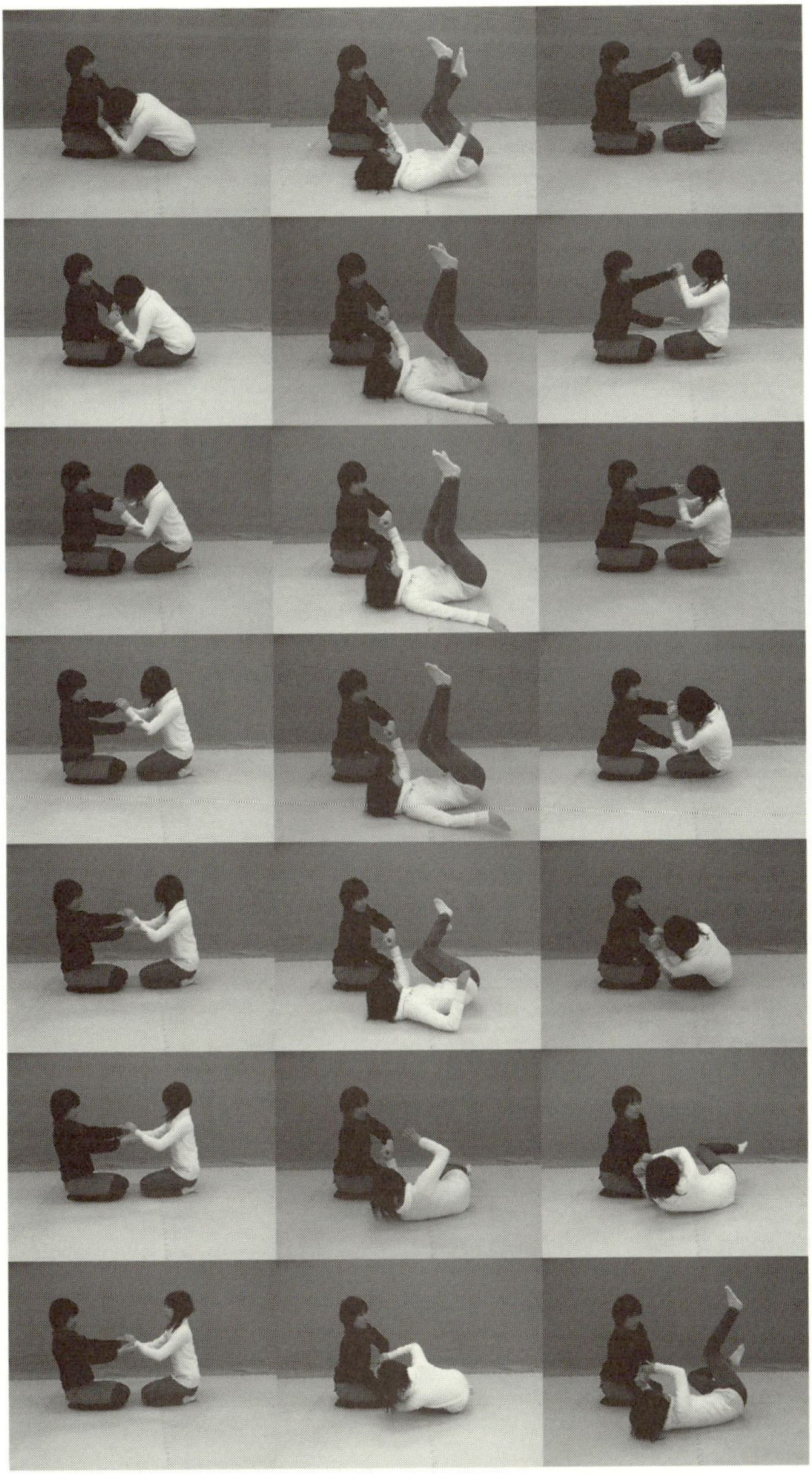

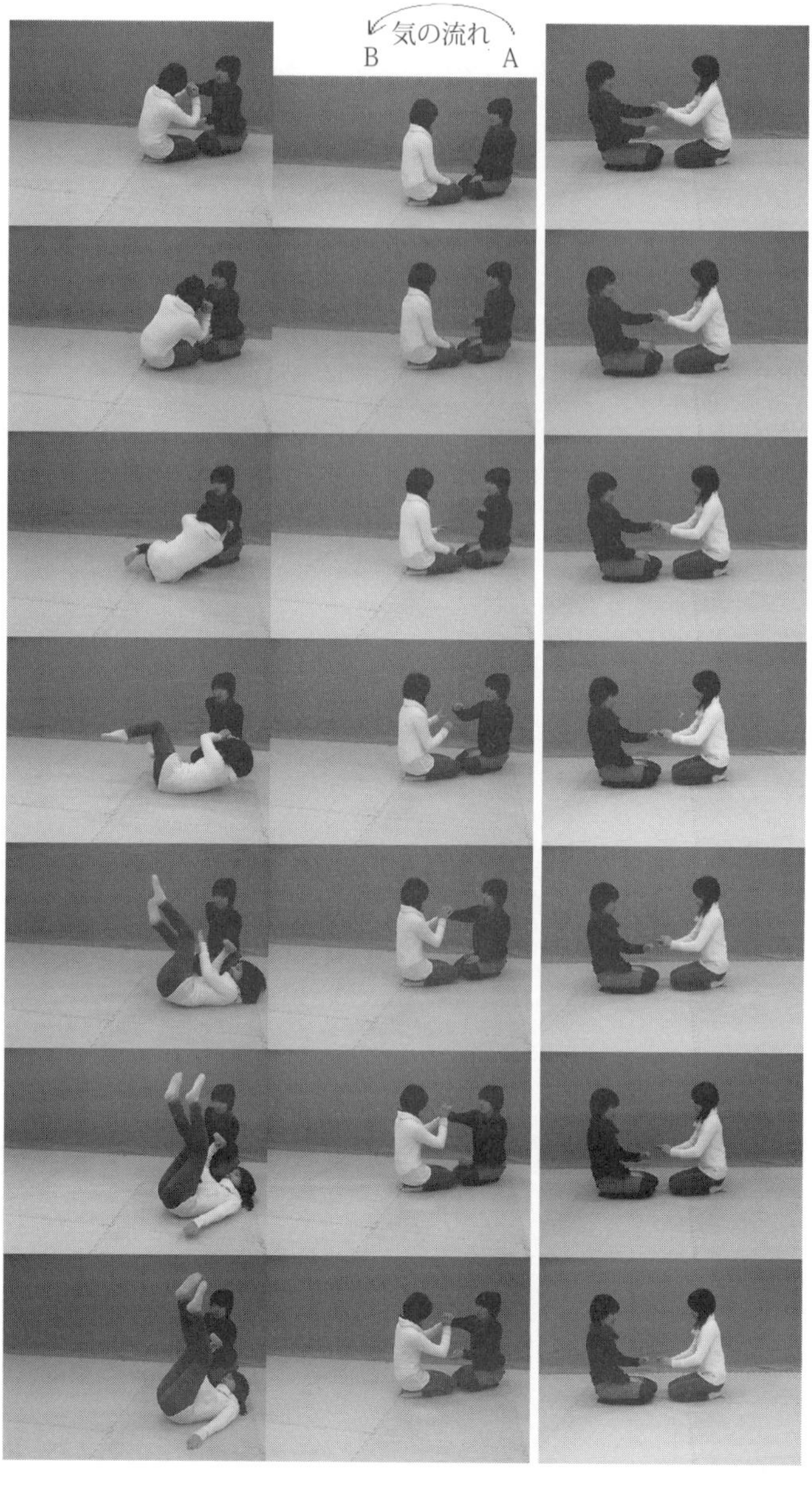
気の流れ
B
A

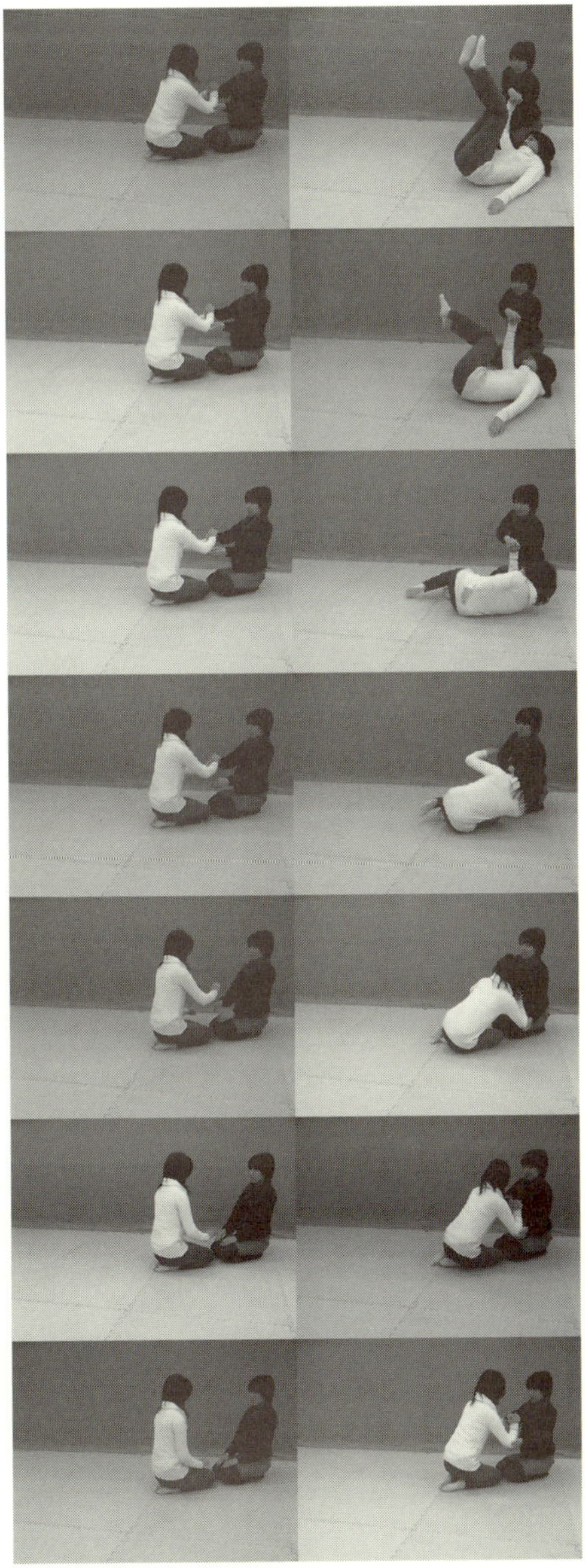

さて、いきなり拳を受けることが苦手な人にはこんな方法もあります。

Aさんが突こうとして左拳を胸前に引き上げる動作に合わせて、それを迎えにいくようにBさんも右手をスッと出してその拳先に触れます。つづいて伸びてくる途中の拳に左手も添えて、あとは文字どおりボールを受ける要領で次の動作に移ります。

さらに別法をもうひとつ。

Aさんの左拳が伸びてきたら、Bさんは顔を少し右に振ってかわしながら右手でスッとその拳に触れます。伸びきってスピードの消えた拳に左手も添え、次の動作に移るというやりかたなど、いろいろ試してみましょう。

⑤からは、①〜④左右相互吸収受身復位法に反射法が加わります。修練回数、役割交替のタイミングなど、くふうして行いましょう。

さあ、九転十起修練法も佳境に入ってまいりました。「只管転起」のもうひとつの意味を解説します。そして十二分に体感してください。

⑤　座法裏合掌左右相互吸収受身復位反射法

復位するまでを簡単におさらいしましょう。

AさんBさん両者正座で相対。両者左手で裏合掌。Aさんの気を受けたBさんはフッと後ろから左回転の受身。膝をのばした両足が真上にきたところでいったん停止、すぐにその反動を利用して元の正座に返る。

ここまでが復位法。

この復位するときのエネルギーを、そのままAさんに返す過程が反射法。

ただし起き上がってすぐに身体をぶつけるとか、両手で押し返そうとかしても所詮、力と力の衝突が起こるだけです。ではどうするか？

まず起き上がったと同時に、そのエネルギーを気のパワーに移します。どうやって？

「移った」と声にだすだけで（またはイメージするだけで）移ります。最初は？？？でも、そのうちわかるようになります。ときによると相手のほうが先に気づいてくれ、「今何か、フワーッときたよ」と言ってくれることもあります。

つづけます。

起き上がりの方向をクイッと相手の正中線側に切替えます。

クイッと、というのはたとえば居合の先生が抜いた刀を収めるあの動き、いったん鞘に対して直角に刀の峰を当て、スッと横に引いてクイッと鞘に納める、あの動作を思い出して下さい。

すかさずBさんはAさんの左肘に右手を添えながら、Aさんの正中線に向かい、一で気を送り、二で身体が向かい（前傾姿勢）、三で手で真っ直ぐに、ソッとAさんの背中の後ろあたりを目がけて押していきます。

この順序を守って下さい。気、体、手、と覚えて下さい。

Aさんの上体がヨロッと後ろに傾いたところですかさず、両手はそのままでBさんは上体をクイッと右に捻ります。この捻りに呼応してAさんは左回転の受身、両足真上で停止、元の正座に戻ります。（BさんのAさん引き上げ補助動作は同様です）

修練が進みますと、気、体、あたりで手は何もしていないのに相手の上体が後ろに傾くようになりますが、いきなりこのようにはうまくはいきません。繰り返しますが、最初から力づくで押していったり、膝を広げながら横に引っ張ったりすると、かえって倒れにくくなります。抵抗したくなるのです。

このように二人の動きが（衝突して）止まったときは、裏合掌左右相互吸収受身復位法の原則に立ち返り、Aさんが気を吸収し、受身、復位法と続けて下さい。

なによりも気の流れを滞らせないことがBBC修練の眼目です。健康も人間関係も身体活動も精神活動も、気の流れの変調から乱れがはじまります。正反対の生き方を提唱するのがBBCなのです。

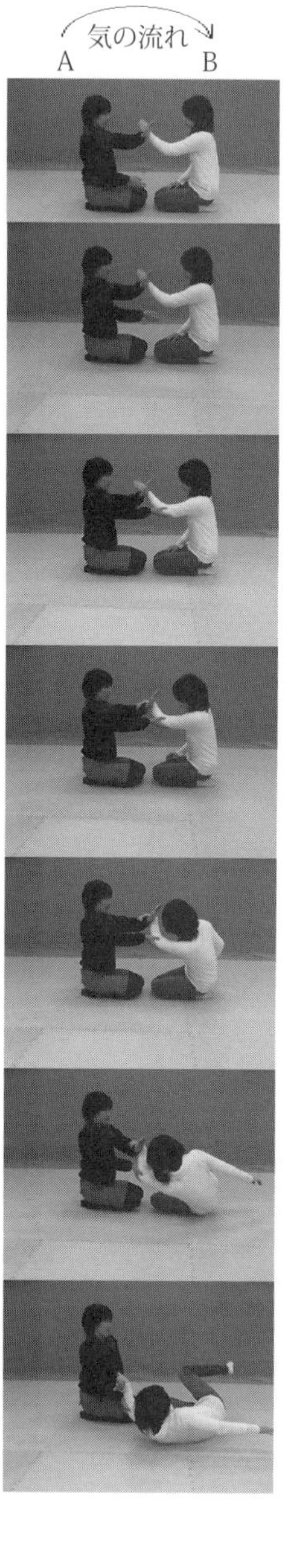

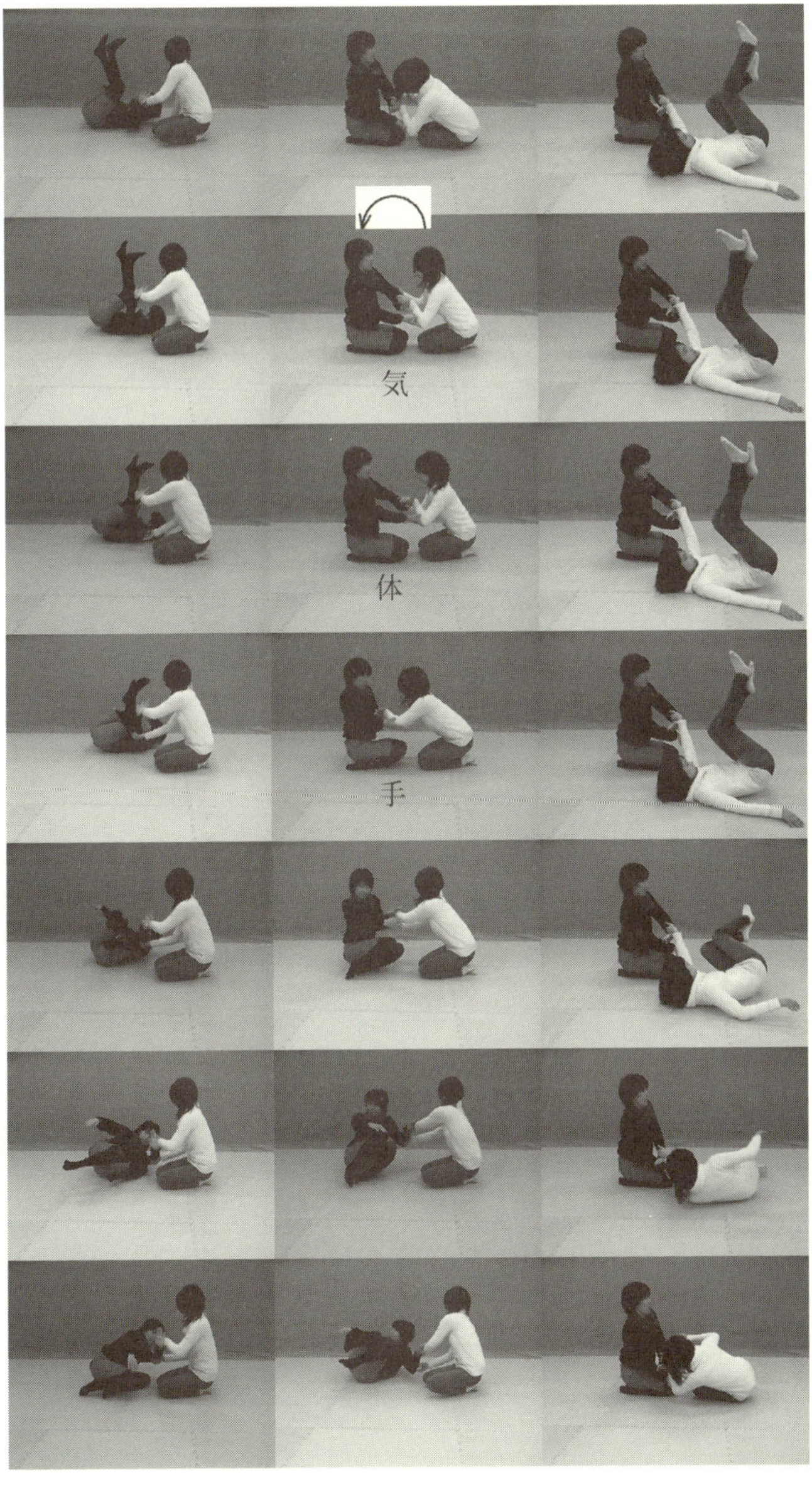
気
体
手

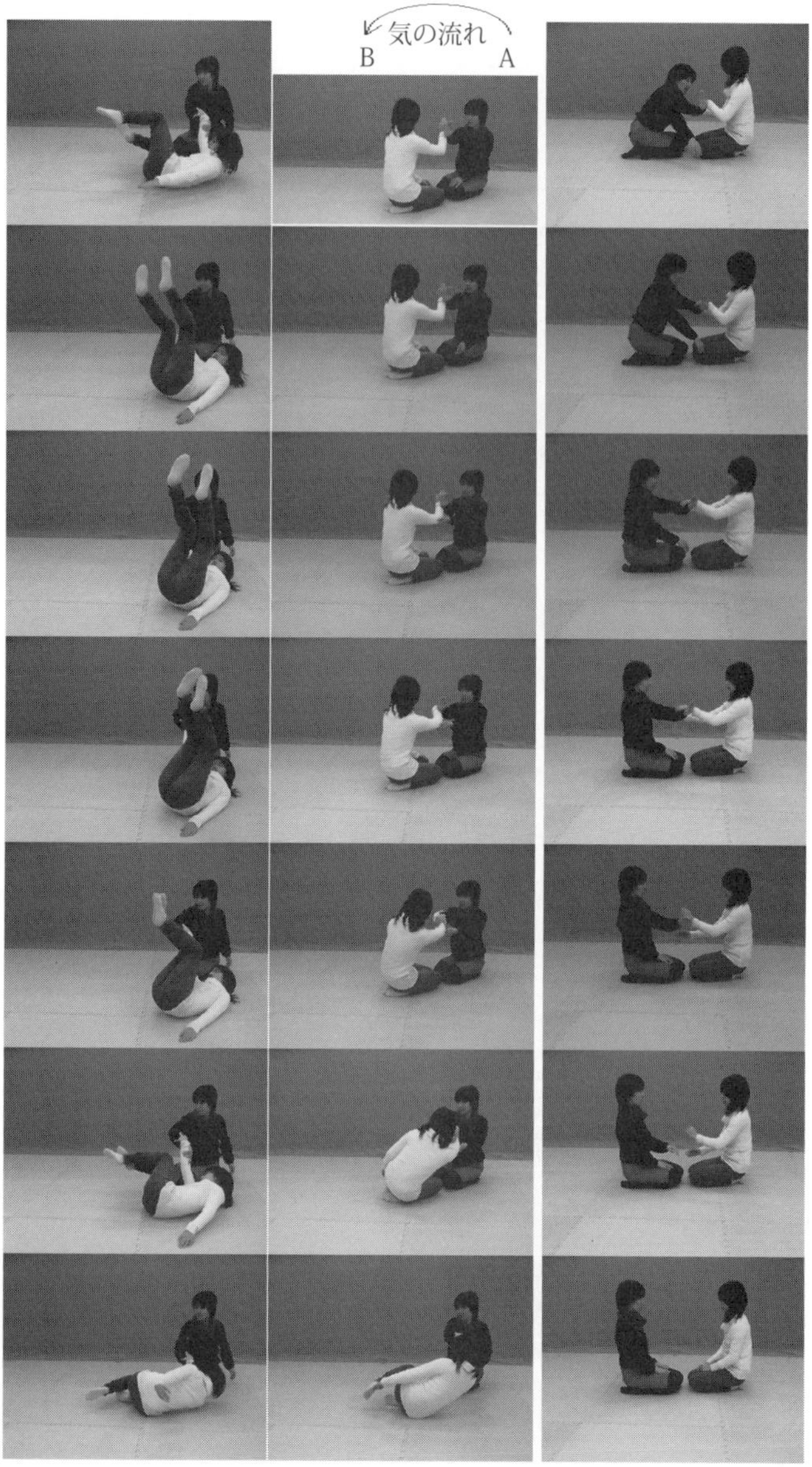
気の流れ
B
A

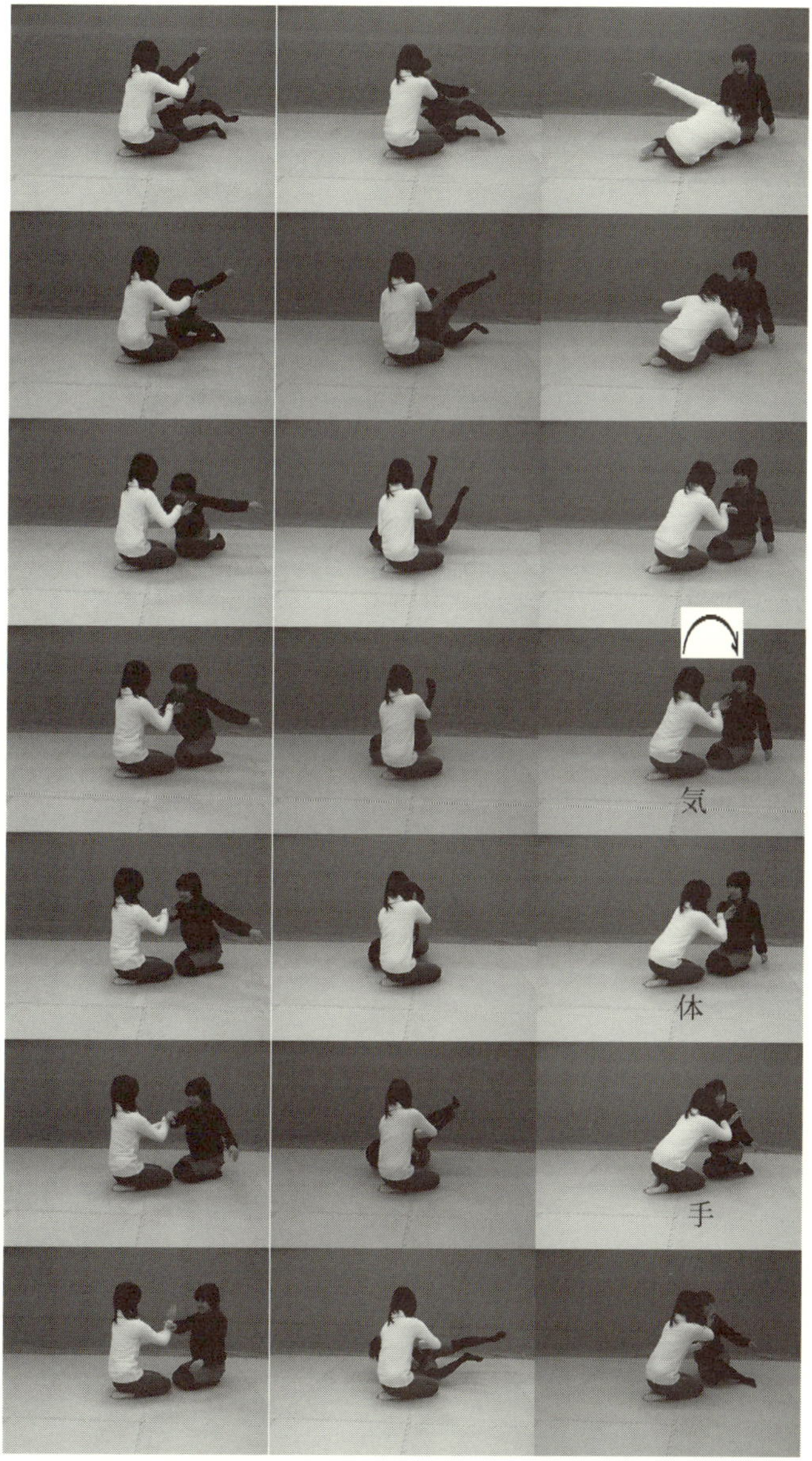

気
体
手

⑥　座法内手持ち左右相互吸収受身復位反射法

復位法までのおさらいをします。

AさんBさん両者正座で相対。Bさんが左手でAさんの左内手首を握り、Aさんは丹田で膝下から吸い上げた気をBさんの座る床下まで送ります。

Bさんはその気を吸いながら、少し身体を後ろに倒し左回転の受身に移行。膝を伸ばした両足が腹の真上にきたあたりで停止、すぐにその反動を利用して元の正座に返る。その復位力をそのままAさんに返すのが反射法でしたね。

Bさんは Aさんの左肘に右手を添えつつ、一、気、二、体、三、手の順序でAさんの正中線に返し

ていきます。
慣れてきたらこんなことにも挑戦して下さい。床についた背が起き始めた段階から、Aさんの頭が向こうに寝ている姿を想像し、それをBさんは両手で床から引き上げているとイメージしながら、右手はAさんの左肘に添えて抱えこみつつ正座に戻る。これが功を奏しますと、反射法の前の段階でAさんの上体が床から浮きあがり、反射法も、気、体、あたりでAさんがのけぞるようになるでしょう。
反射法に移ると、Aさんはいったん後ろに傾きつつ左回転の受身、膝を伸ばした両足が腹の真上にきたあたりで停止、すぐにその反動を利用して元の正座に戻ります。今度はBさんがそれを補助します。

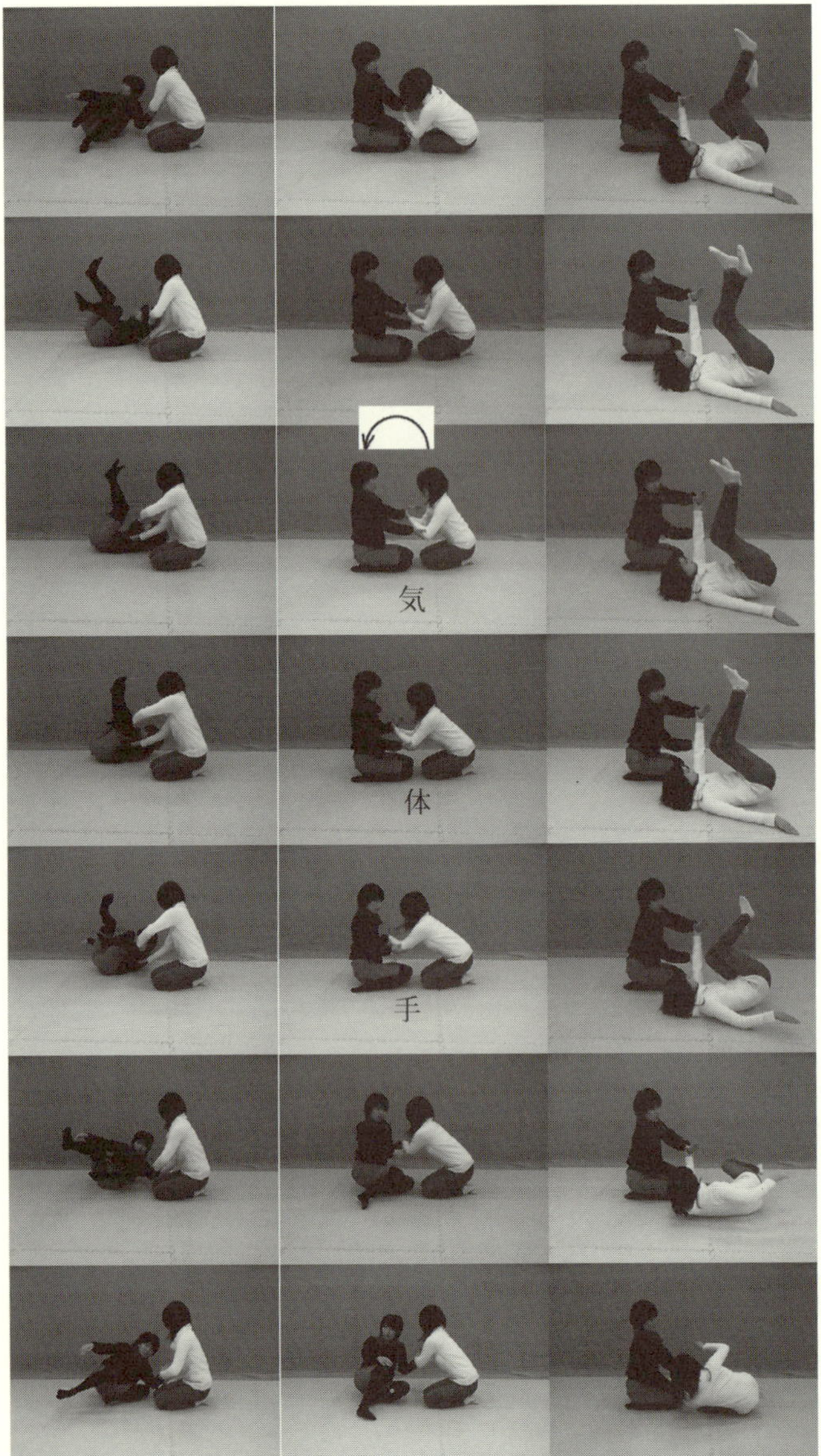
気
体
手

気の流れ
B A

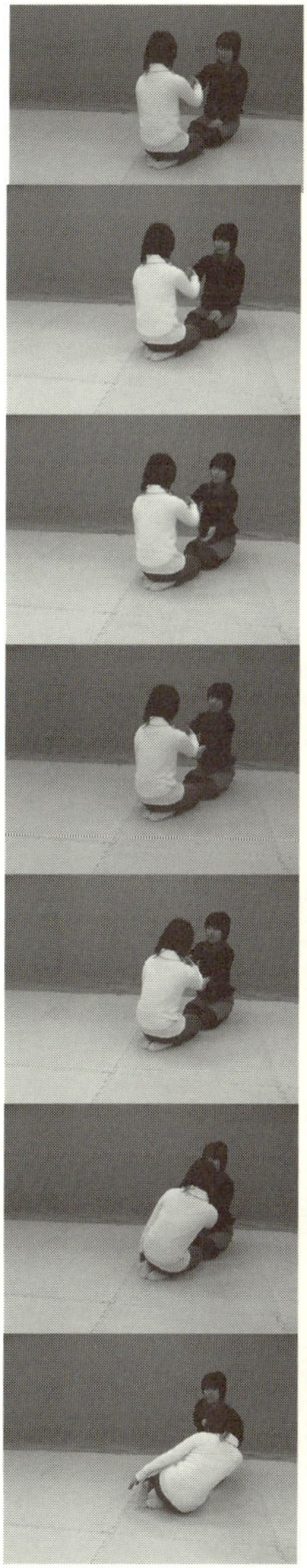

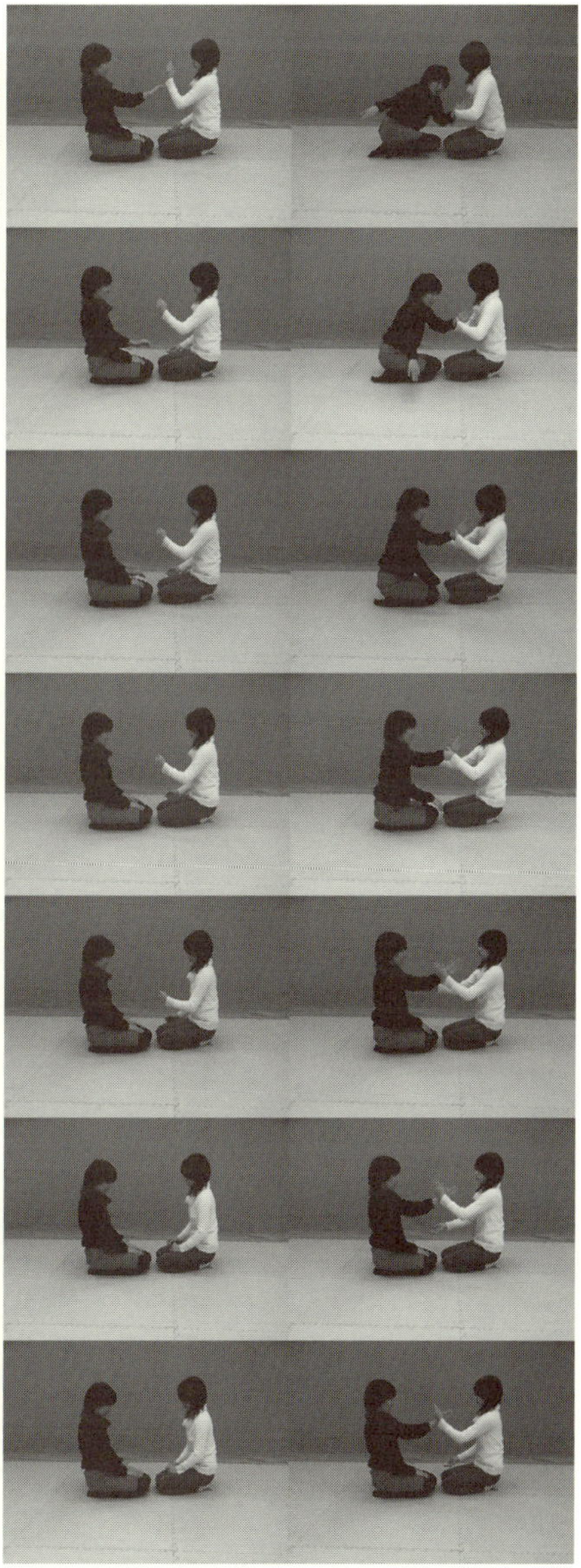

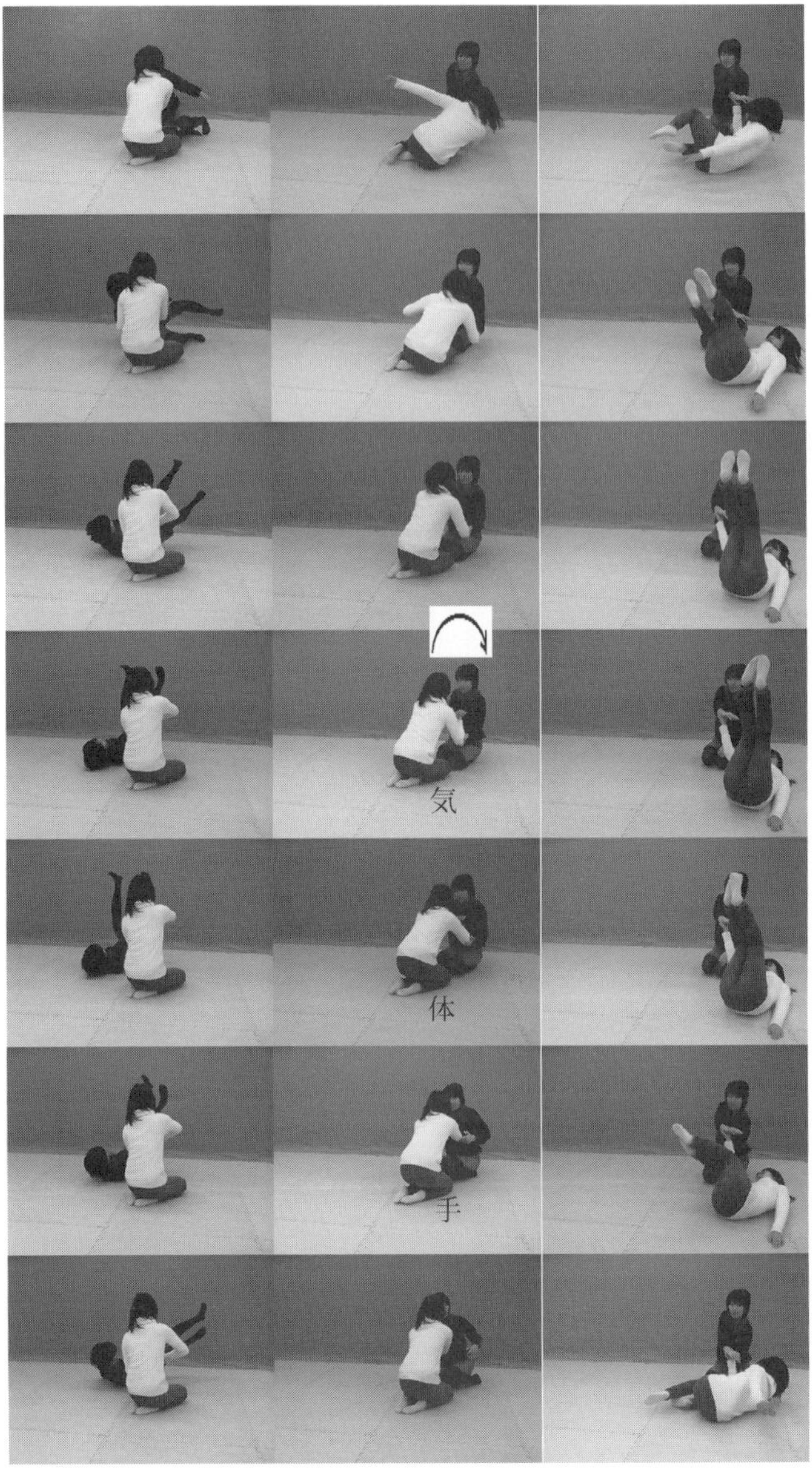
気
体
手

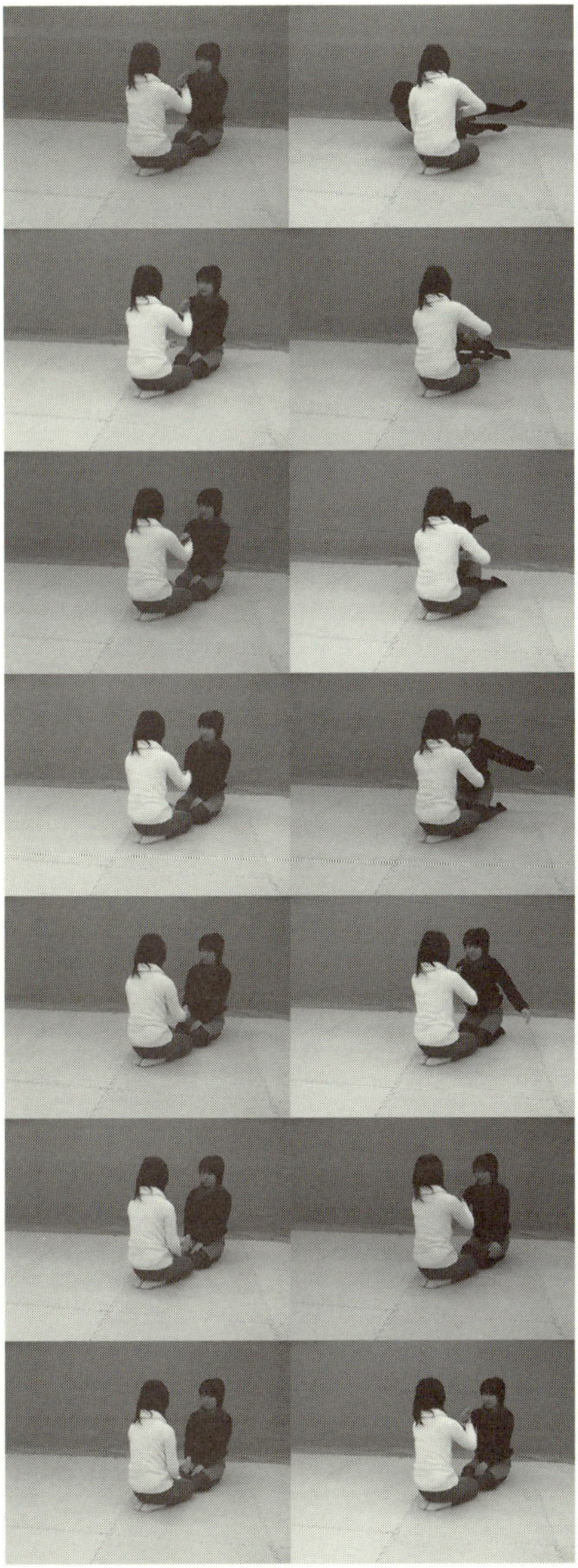

⑦　座法逆手持ち左右相互吸収受身復位反射法

AさんBさん両者正座で相対。Bさんが左手で、顔前に拳を構えたAさんの左手を逆手（丁字）で握り、Aさんは丹田で膝下から吸い上げた気をBさんの座る床下まで送ります。

Bさんはその気を吸いながら、少し身体を後ろに倒してから左回転の受身に移行。膝を伸ばした両足が腹の真上にきたあたりで停止、すぐにその反動を利用して元の正座に復位し、反射法に移ります。

気、体、手の順番に、右手はAさんの左肘に添え、両手で抱き締めるように身体で迎えにいくイメージ。Aさんが後ろに傾きはじめたところでBさんは上体をクイッと右に捻ると、Aさんは左回転の受身。膝を伸ばした両足が真上にきたあたりで停止、同じく反動を利用して元の正座に戻ります。Bさんはそれを補助します。

気
体
手

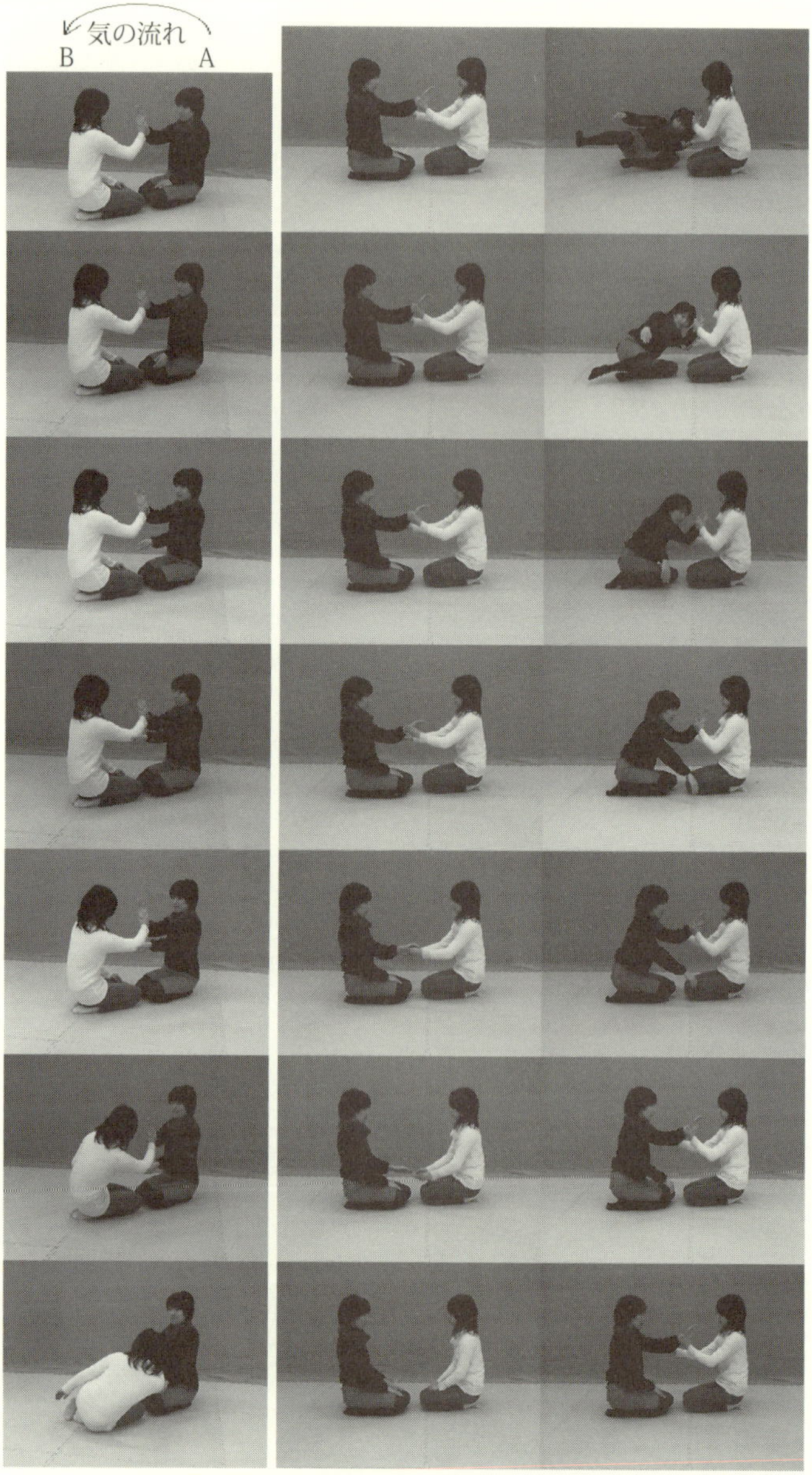

気の流れ
B
A

気
体
手

⑧　座法上段突き内受け左右相互吸収受身復位反射法

Aさん Bさん両者正座で相対。Aさんは床下から気を吸収して、左拳からBさんに気を送るイメージで、左拳をBさんの顔前に突き出します。Bさんはその拳を両手でフッと包み込むように受け、その気を床下に送りつつ上体をかるく反らせて吸収、左回転の受身。膝を伸ばした両足が真上にきたあ

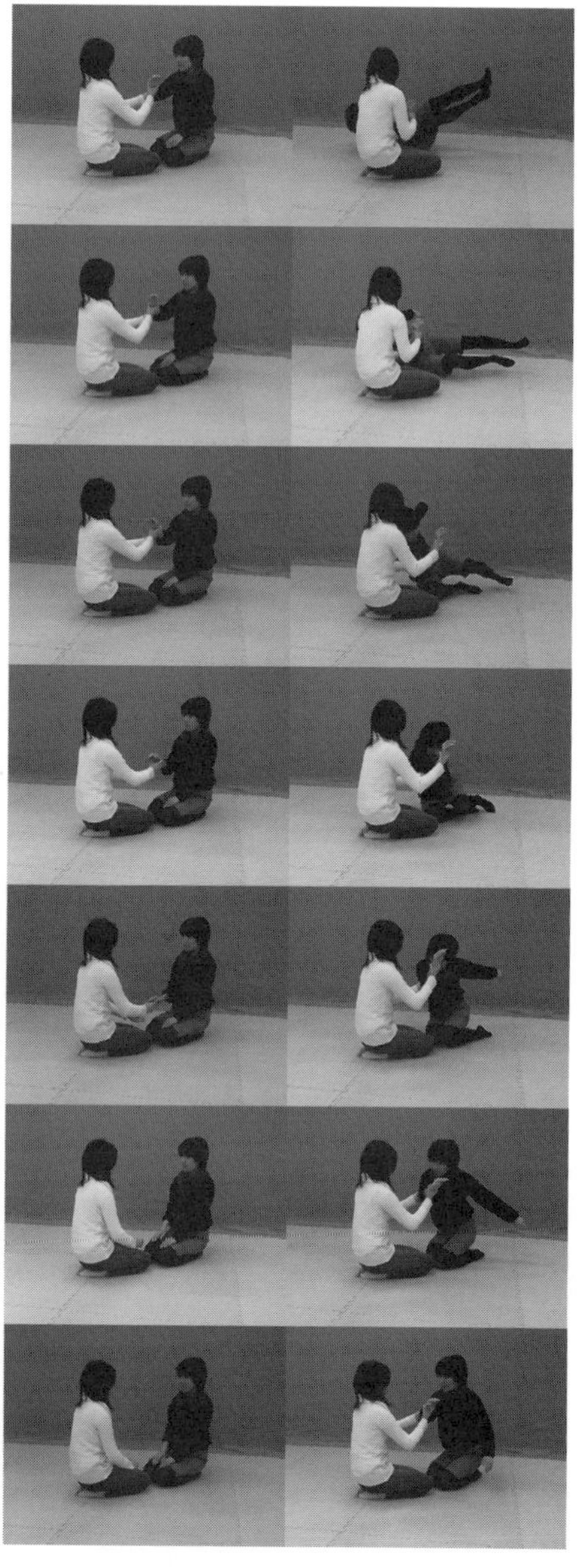

たりで停止、反動を利用して元の正座に返り、すかさず反射法に移る。

　まず気を送り、左手は拳を包んだまま、右手はAさんの左肘をかかえるように添え、両手で抱き締める要領で身体ごと迎えにいくと、Aさんは自然に元（後方）にかえろうとします。Bさんは合わせて肘の曲がりをはずし、上体を戻して右に捻れば、Aさんは左回転の受身。膝を伸ばした両足が真上にきたあたりで停止、同じく反動を利用して元の正座に戻ります。Bさんはそれを補助します。

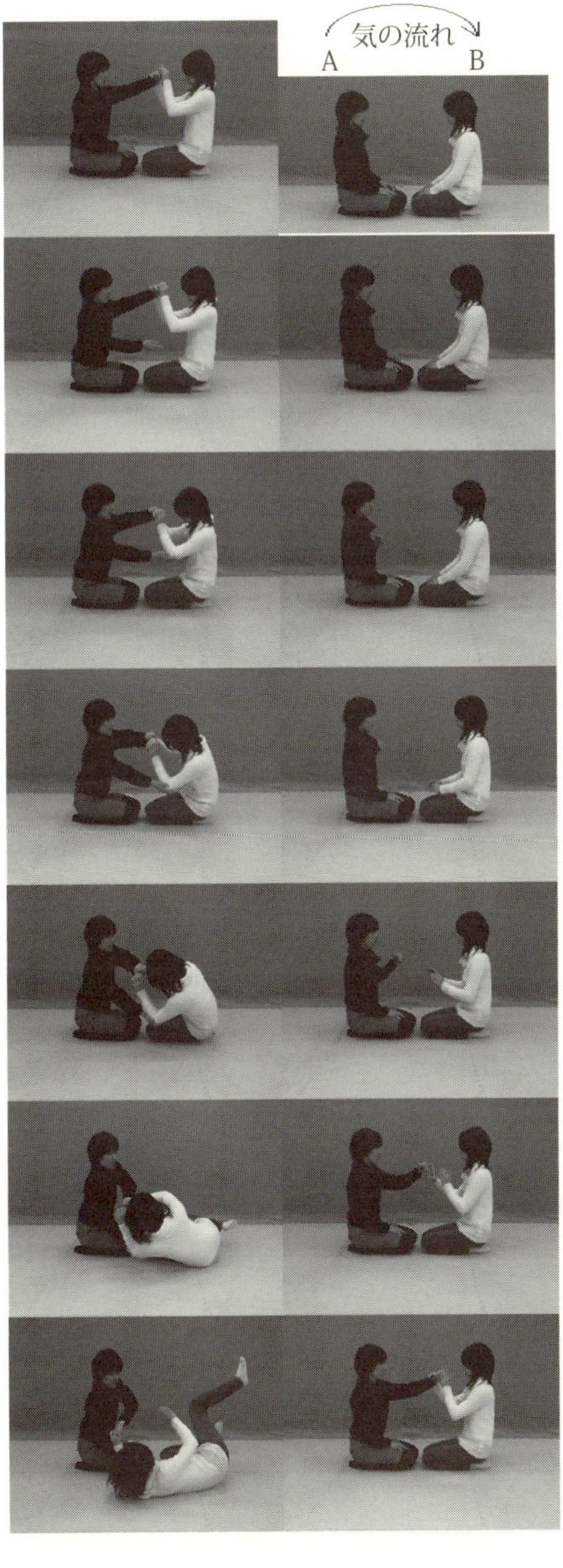

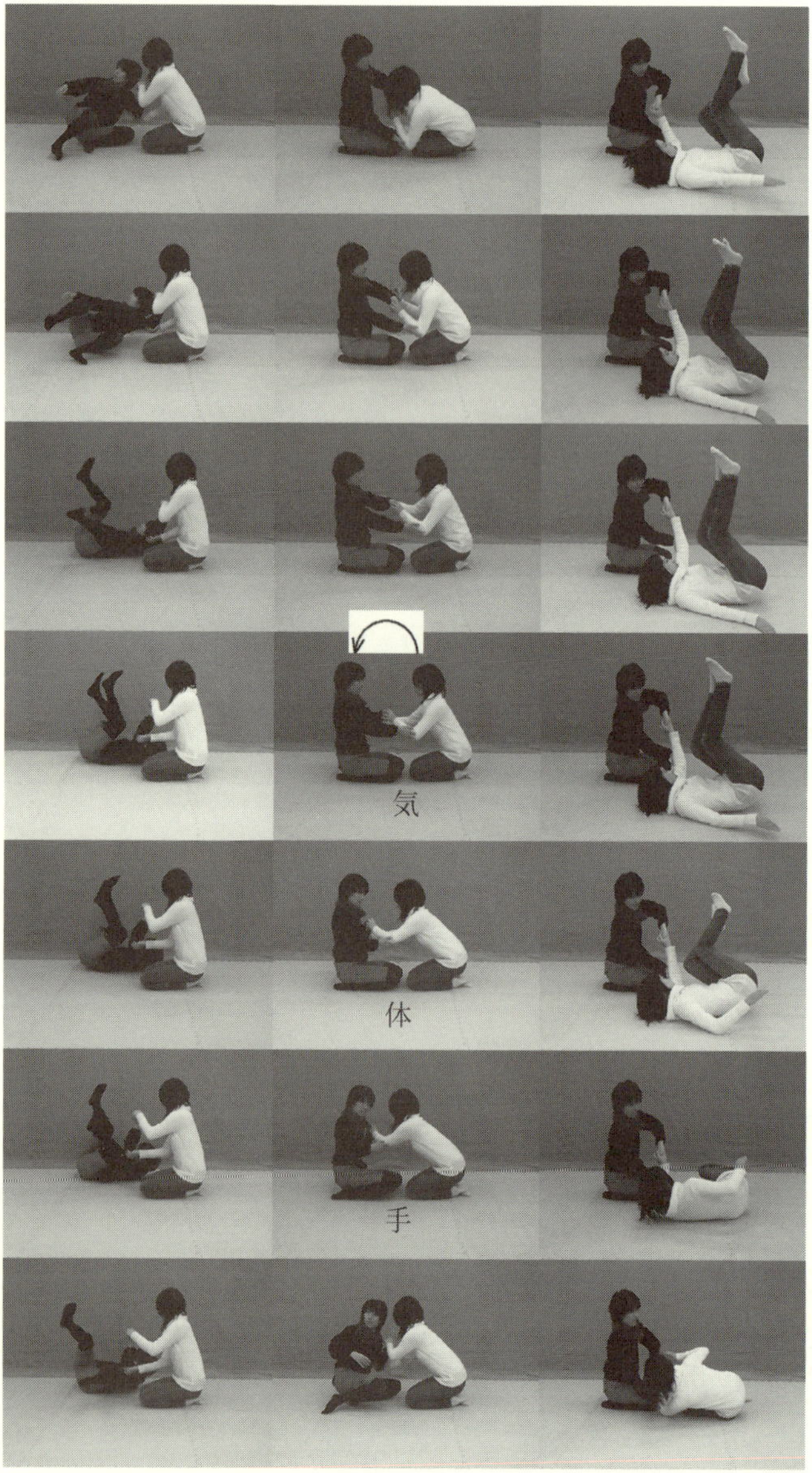
気
体
手

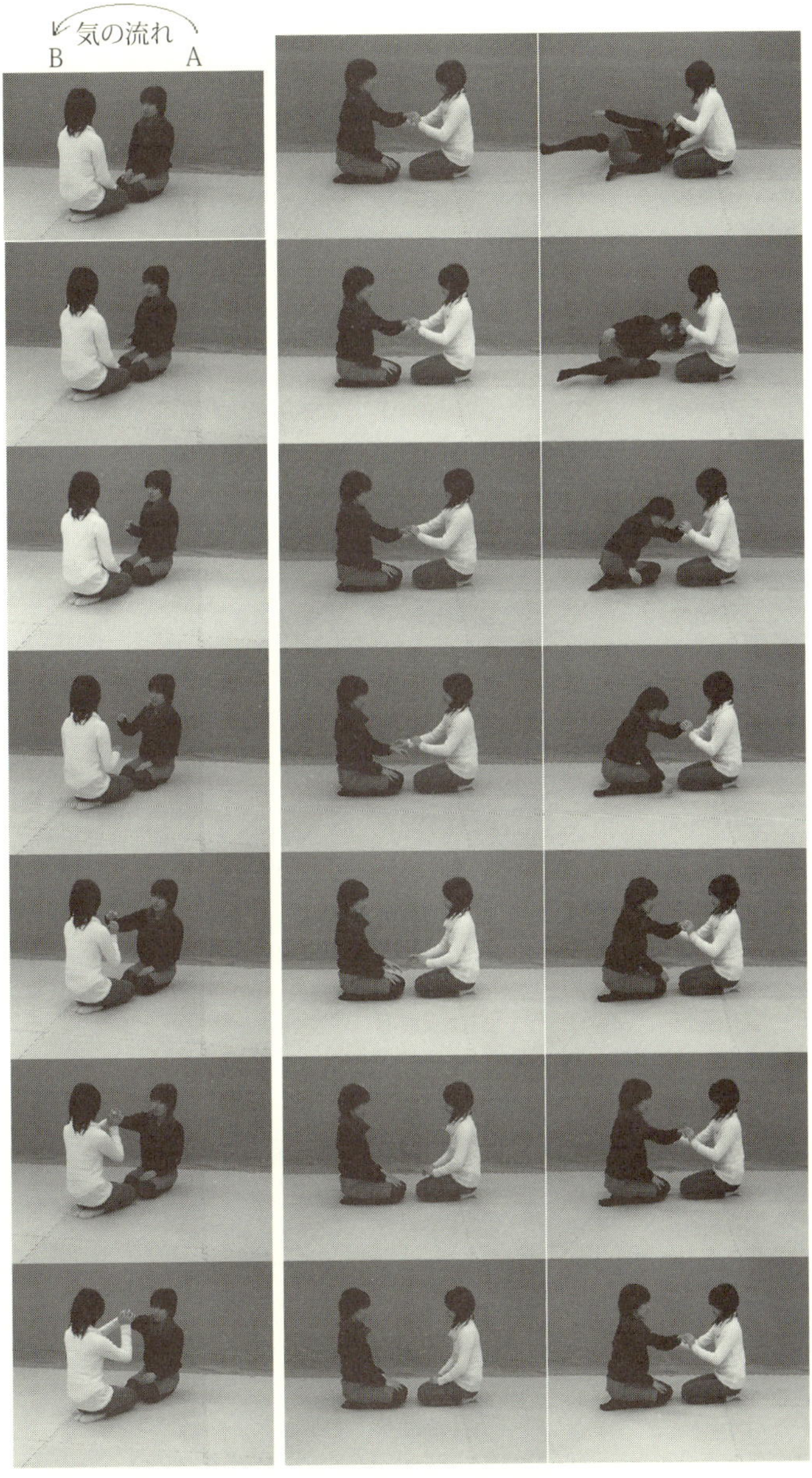
気の流れ
B
A

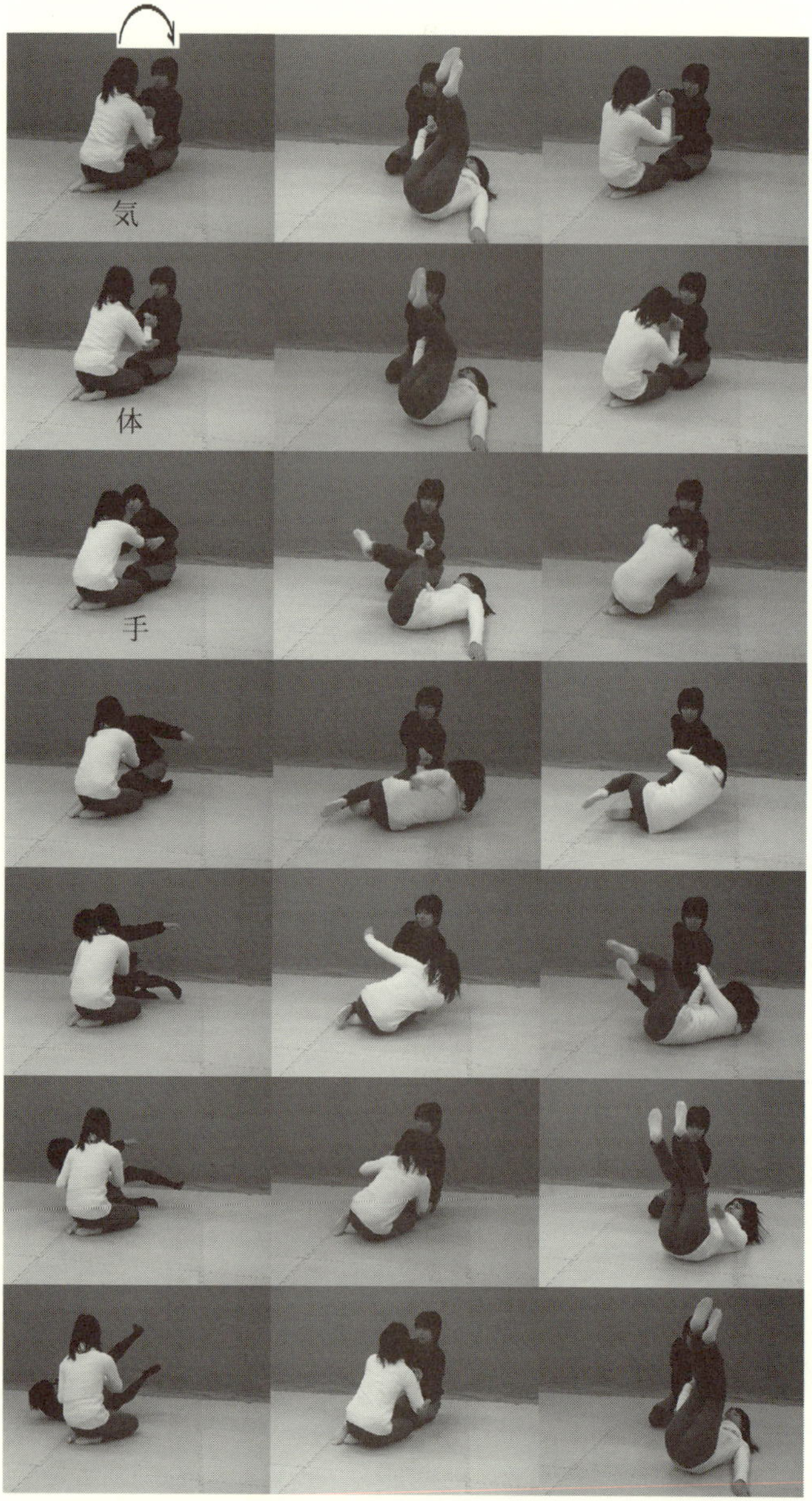
気
体
手

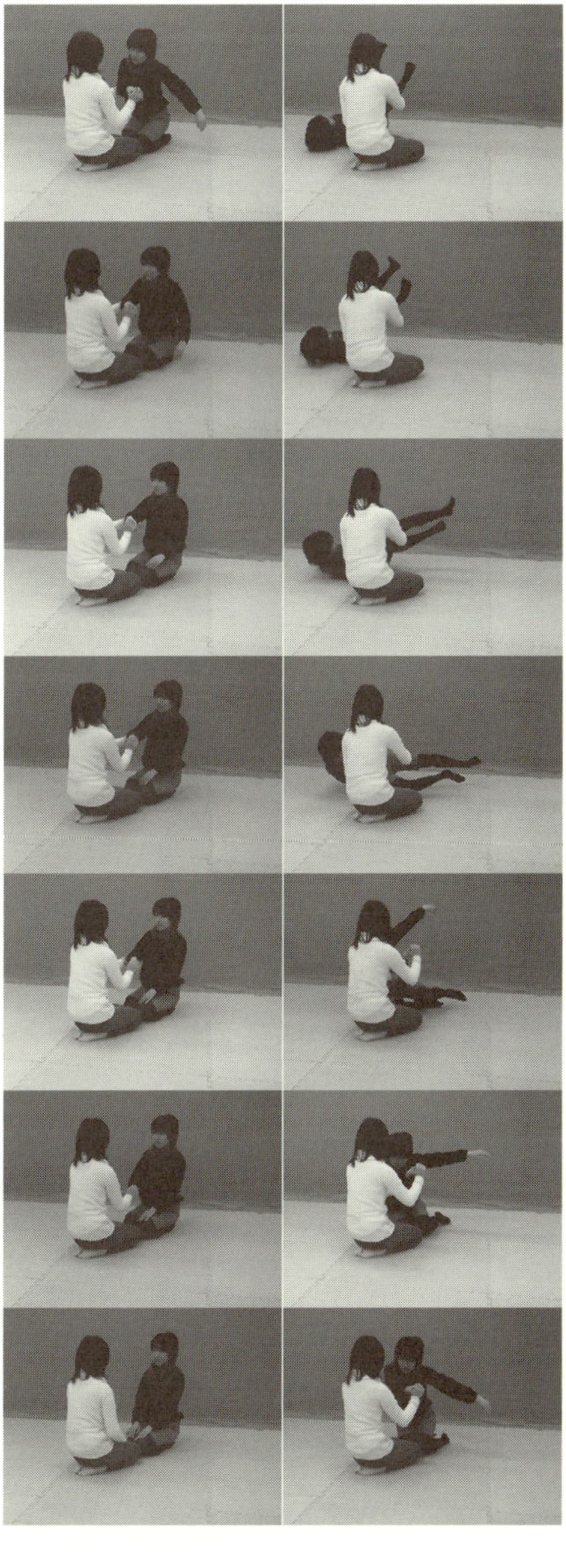

立合法　I

①　立合裏合掌左右相互吸収受身復位法

さあ、これまでしっかり座法の各法で学んだものを、立合法各法に活かしてみましょう。座法では膝を拡げて踏ん張ったりすることを、むしろ禁じてきました。下肢の動きを否定しつつ、丹田と上半身、肩や手の使い方の原理原則を無意識レベルまで高める、そんな可能性に挑戦してもらいました。

ここらで立合法の修練にはいり、座法の意義を再確認し、自分自身の現時点での課題を見つけ、また座法にかえるという修練の繰り返しの中に、ぜひ新しい自分を発見する歓びを楽しんでみましょう。

以下の各法についても、修練回数、役割交替などは座法を参考に行って下さい。

まず、AさんBさん左半身の形で相対します。Aさんは左手開手のままBさんの顔前にかかげ、Bさんも左手首同士を合わせて迎えます（裏合掌）。

このときAさんは、丹田で自分の床下から吸い上げた気を手首からBさんに伝え、Bさんの足下まで送るイメージ。Bさんも丹田を使ってその気をAさんの足下から吸い上げ、手首を経てさらに自らの足下経由で床下に送る、という意識で行うところは座法と同様です。

気が足下に落ちると同時に、Bさんは左手の小指側からAさんの左手首に巻きつけながら、全部の関節をストンと折り畳むつもりでその場にしゃがみ、踵から後ろ回転の受身。Aさんもその動きに合わせて、左手をBさんの手首にからませ、右手をBさんの左肘に添えながら上半身は真っ直ぐに、下半身で高さを調節しながら二、三歩ついていきます。Bさんの膝を伸ばした両足が真上にきたあたりで停止、反動を利用して一度しゃがみ体勢になりながら、立ち上がり復位します。

Aさんも二、三歩、もとの位置にもどりながらBさんを引き上げます。このときも、右手を軽くBさんの左肘に添えることを習慣づけましょう。

以下立合法の各種復位法を紹介していきますが、Aさんが自分の足下から吸い上げた気をBさんの立つ床下まで送る、Bさんもその気をAさんの足下まで迎えにいき、吸った気をやはり自分の立つ床下に送るイメージは、全法に共通しますので覚えておいて下さい。丹田を使うイメージも同様です。

気の流れ
A　B

気の流れ
B
A

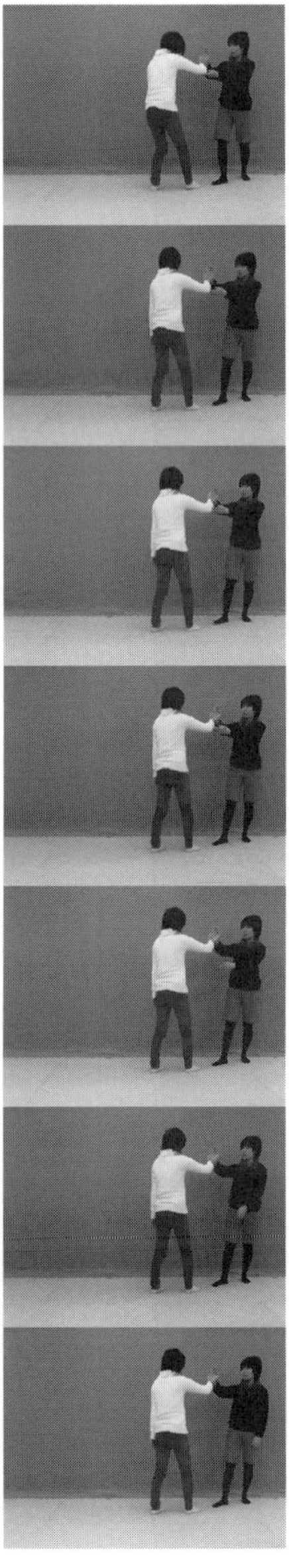

② 立合内手持ち左右相互吸収受身復位法

Aさん Bさん、左半身で相対。Bさんは左手でAさんの左内手首を握ります。Aさんの気を受けたBさんは、その気が床に落ちたと同時にAさんの左手首を握ったまま、ストンと床の上にしゃがみ、踵から後ろ回転の受身。このときAさんは右手をBさんの左肘に添えながら上半身は真っ直ぐに、下半身で高さを調整しながら二、三歩前に進み、Bさんについていきます。Bさんは、Bさんの膝を伸ばした両足が真上にきたあたりで停止、反動を利用してしゃがみ姿勢を経由してから立ち上がり復位します。

Aさんも二、三歩もとに戻りながらその動作を補助します。右手は軽くBさんの左肘に添えるとスムーズに行えます。

気の流れ
A
B

気の流れ
B
A

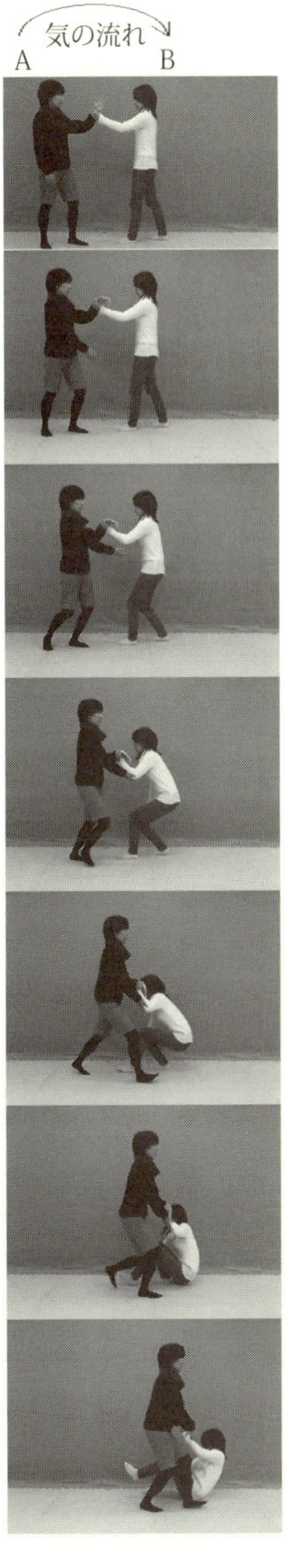

③　立合逆手握り左右相互吸収受身復位法

Aさん Bさん、左半身で相対。Aさんは左手を顔前に構えます。

Bさんは左手でAさんの左手首を逆手（丁字）に握ります。

Aさんの気を受けたBさんは、その気が床に落ちると同時にストンとしゃがみ、踵から後ろ回転の受身。このときAさんは右手をBさんの左肘に添えて、上半身は真っ直ぐ、下半身で高さを調節しながら二、三歩ついていきます。

Bさんは膝が伸びた両足が真上あたりにきたところで停止、反動を利用してしゃがみ姿勢を経由してから立ち上がり復位します。

Aさんも右手を軽くBさんの左肘に添えて、二、三歩もとに戻りながらその動作を補助しましょう。

気の流れ
B
A

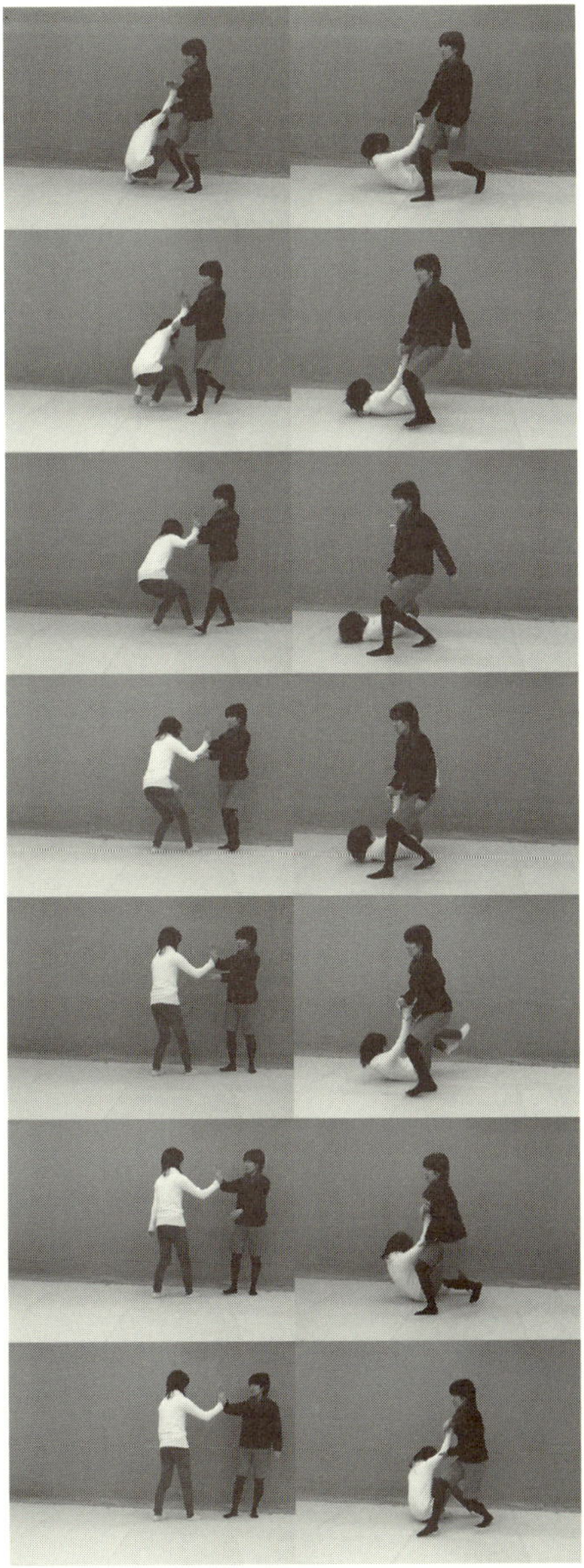

④　立合両手握り左右相互吸収受身復位法

AさんBさん、左半身で相対。Aさんは軽く拳を握った両手を腰の前に構えます。Bさんは両手でAさんの両外手首を握っていきます（Aさんはここで開手）。

Bさんは両手を経由してAさんの気を受け、その気が床に落ちるのに合わせてストンとしゃがみ、

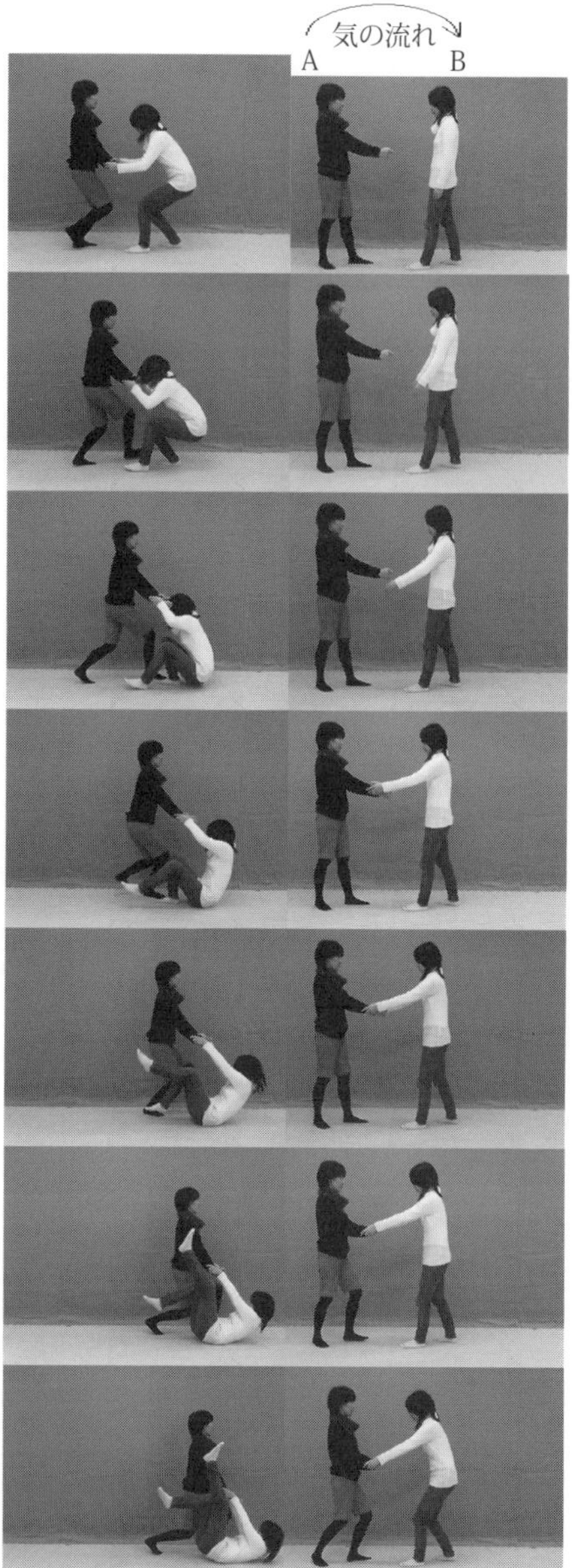

踵から後ろ回転の受身。膝が伸びた両足が真上あたりにきたところで停止、反動を利用し、しゃがみ姿勢を経由してから立ち上がり復位します。

Aさんは前法同様に、両手首は握らせたまま、Bさんの後ろ受身のおりには上体は真っ直ぐ、下肢は柔らかくして高さを調節しながら二、三歩ついていきます。Bさんの起き上がりの動作のときは逆に、二、三歩下がりながら引き上げて補助します。

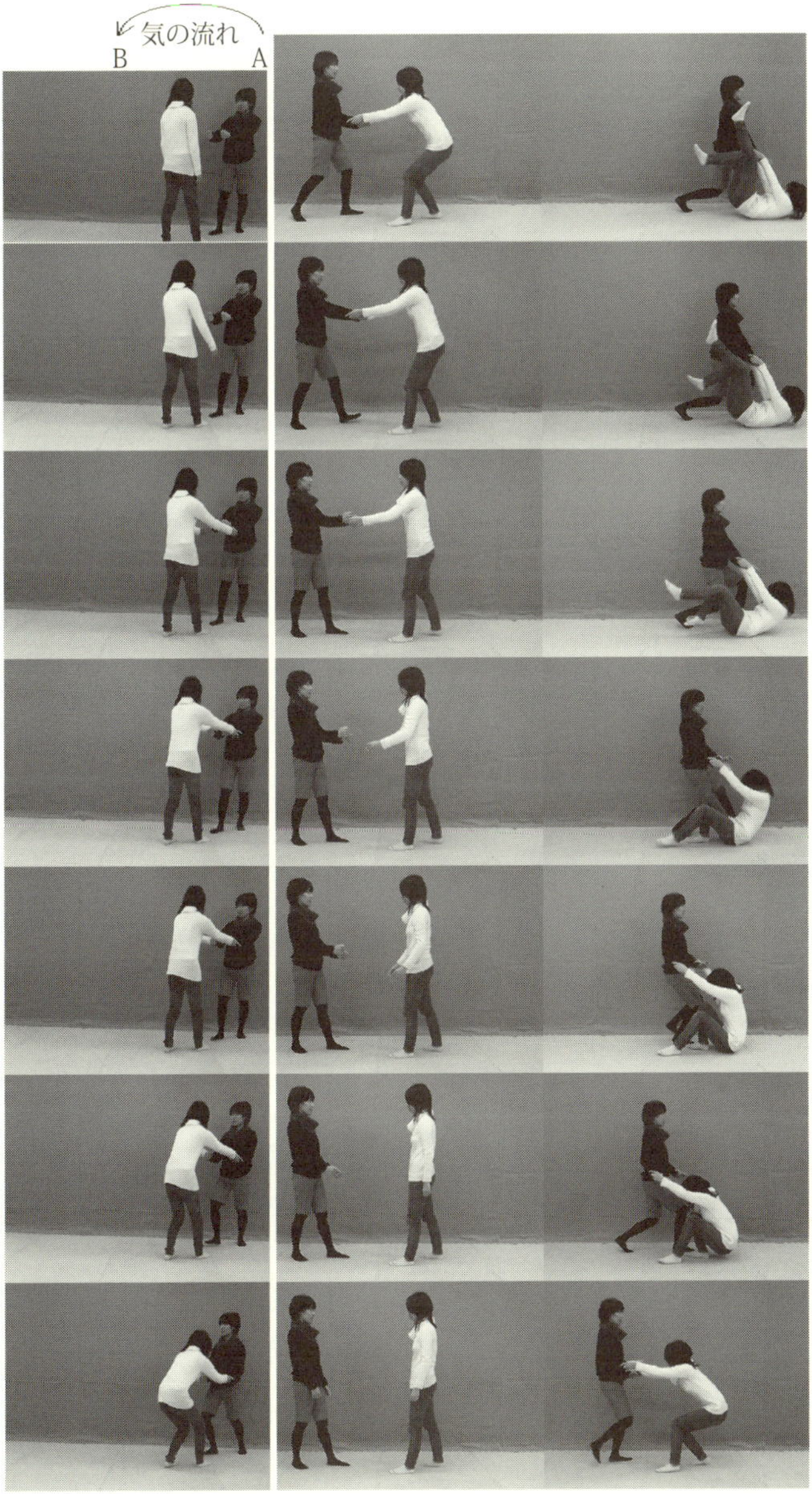
気の流れ
B
A

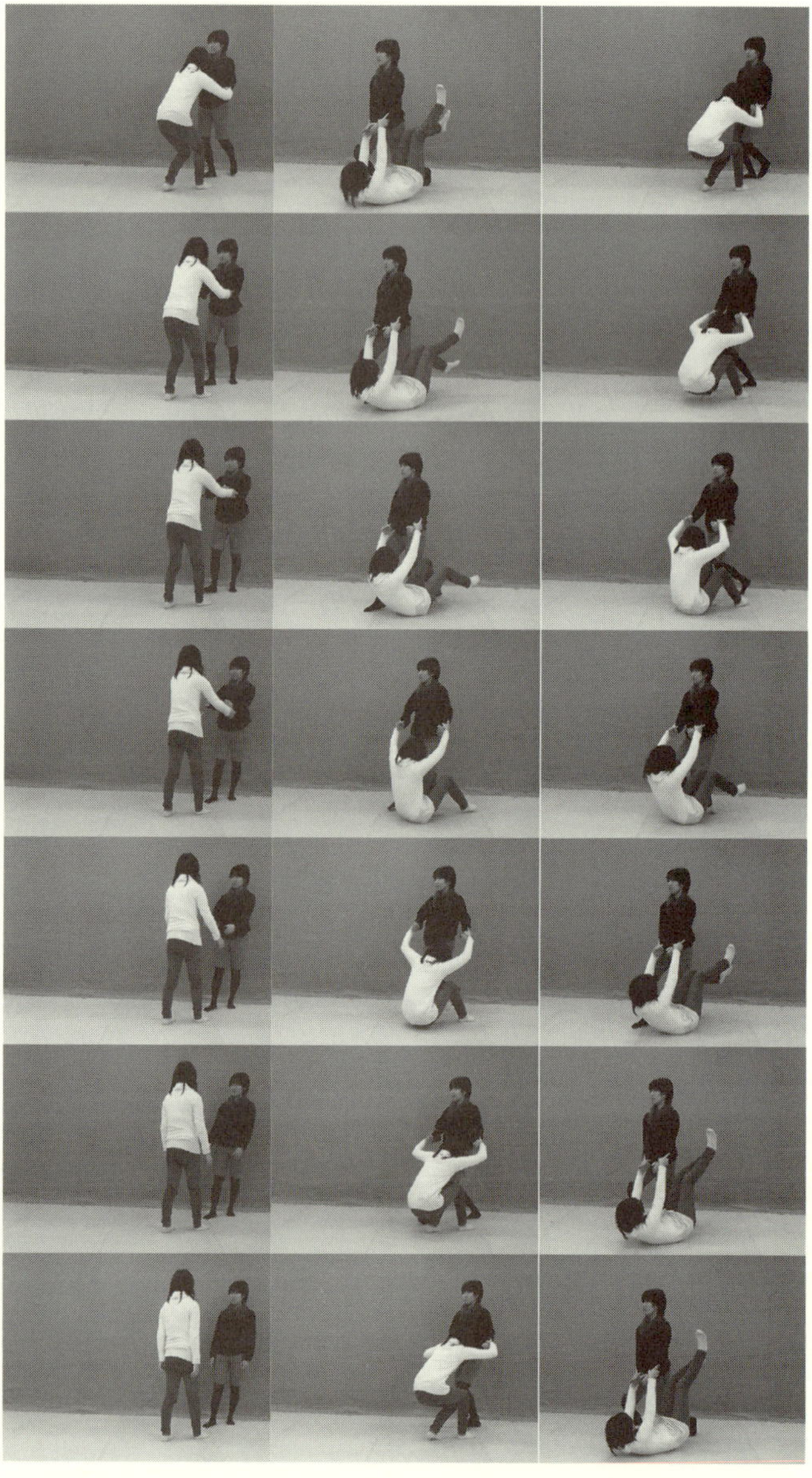

⑤　立合中段突き下受け左右相互吸収受身復位法

Aさん Bさん、左半身で相対。Aさんは上体をやや正面に向け、両手は胸前に開いてBさんの右中段突きを待ちます。つづいてBさんはAさんの中段を突いていきます（最初はゆっくりペースで行います）。

Aさんは、Bさんの拳が動く、と感じたと同時に、左手でその拳にソッと触れます。拳が伸びてきても、肘の力を抜いておけば簡単についていけます。

途中で右手掌は拳をキャッチボールの要領で受け、お腹の前に置いたまま、（AさんはBさんの拳を離さずに）その場でしゃがみ、踵から後ろ回転の受身。膝を伸ばした両足が真上にきたあたりで停止、反動を利用し、しゃがみ姿勢を経由してから立ち上がり復位します。

このときBさんは、上半身と下肢の使い方も前法までと同様、右拳（または右手）をAさんに握らせたまま二、三歩前進と、二、三歩後退をしつつ、Aさんの受身と立ち上がり復位の動作を補助します。

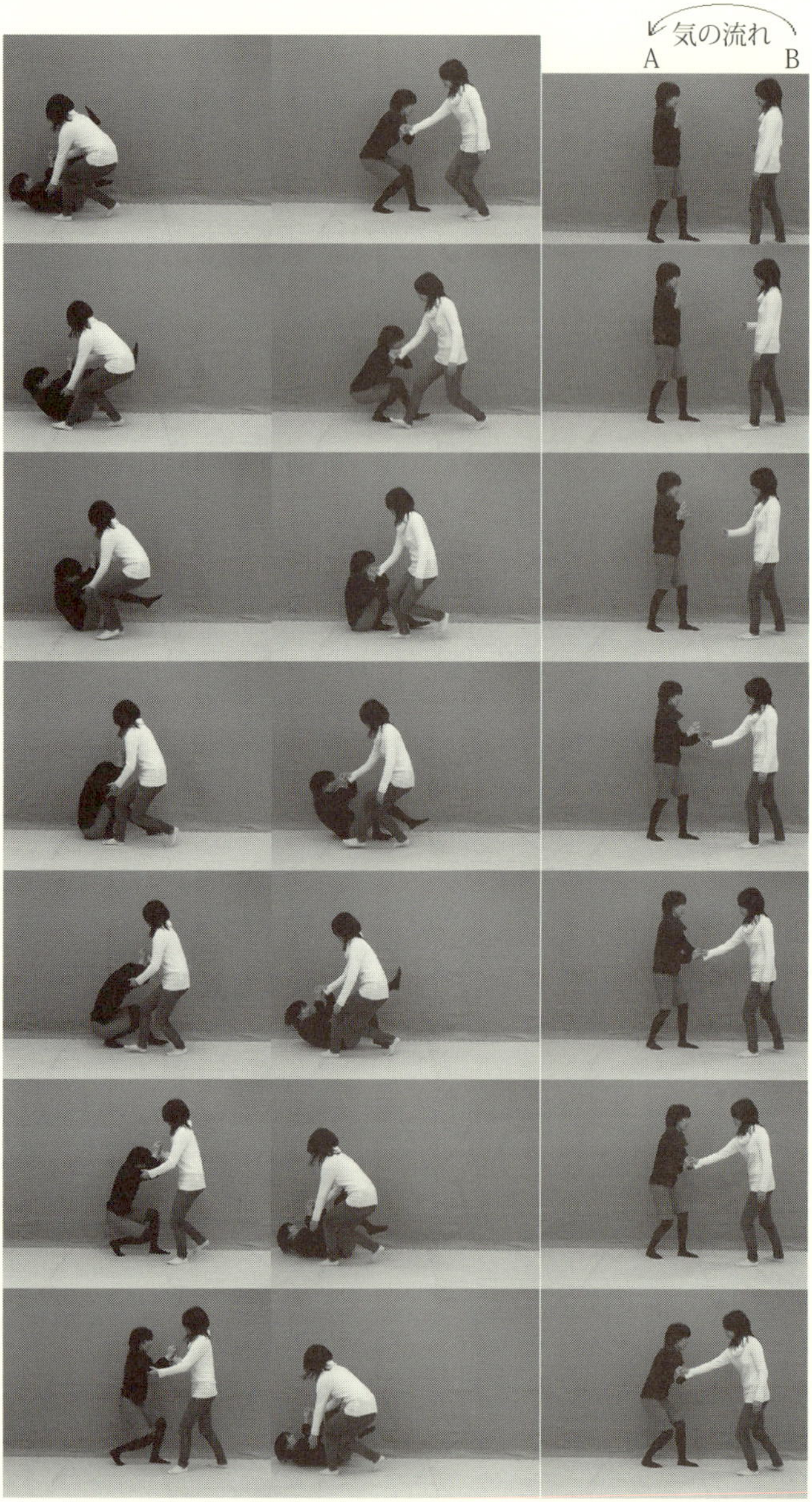
気の流れ
A
B

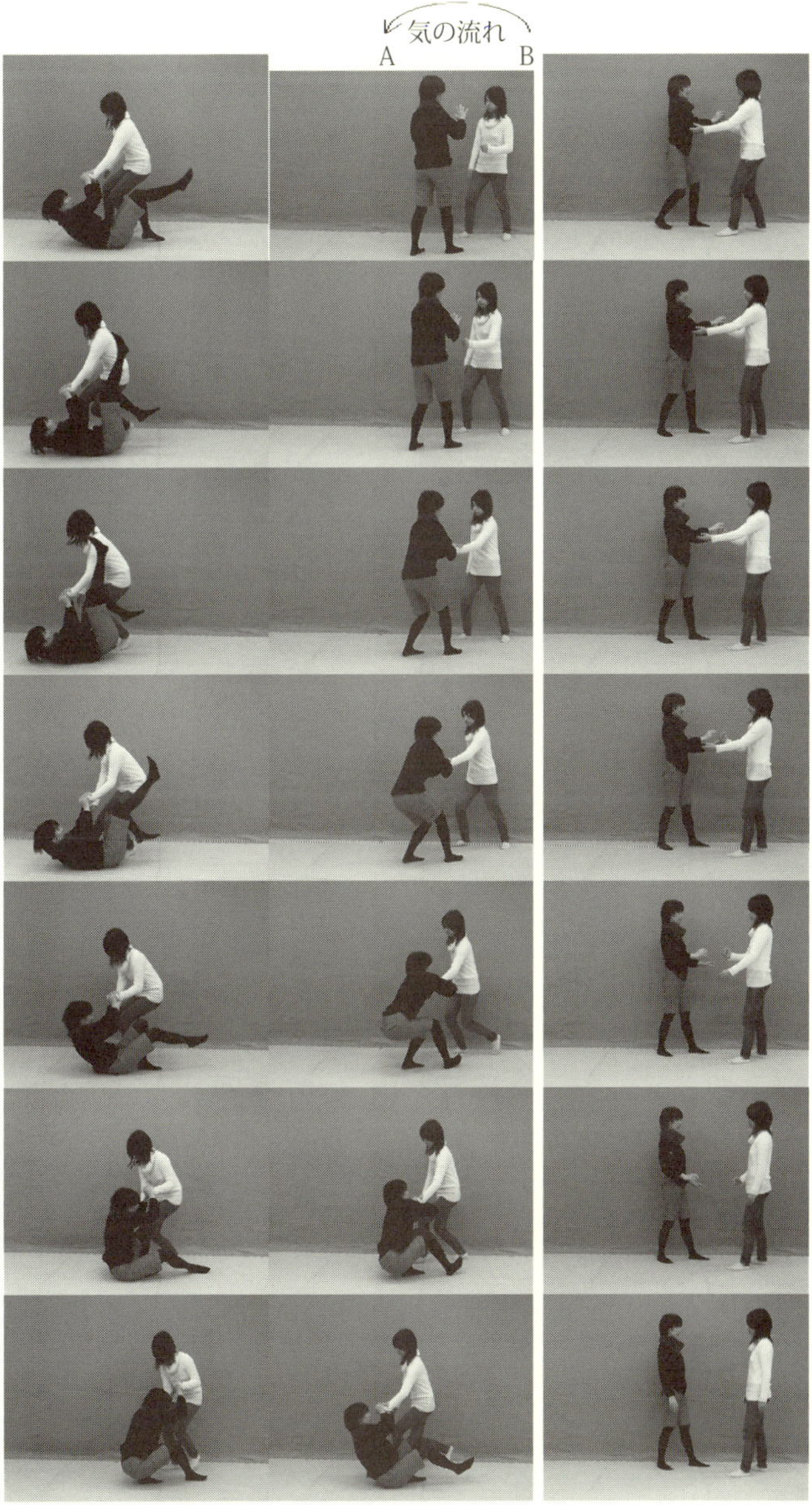
気の流れ
A
B

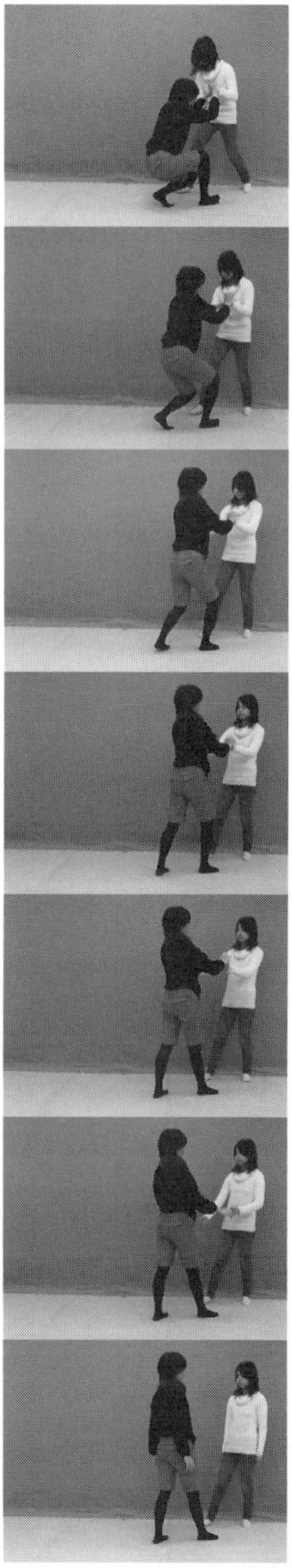

⑥　立合裏合掌左右相互吸収イメージ受身復位反射法

以下の5つ（⑥〜⑩）の復位反射法には、「イメージ受身」という不思議な技法が登場します。舞台の上のマジシャンになったつもりで、楽しみましょう。

「イメージ受身」というのは、本当に受身の回転動作をする代わりに、イメージ上で（いいかえれば省略形の）受身を行い、復位し反射法につなげようというものです。

開発当初は従来どおり、その都度、きちんと後ろ回転の受身をこなしてから復位し、反射法につなげていたのですが、とっさの閃きで生まれたものです。試してみると好評で、より変化を楽しもうと採用にいたった次第です。

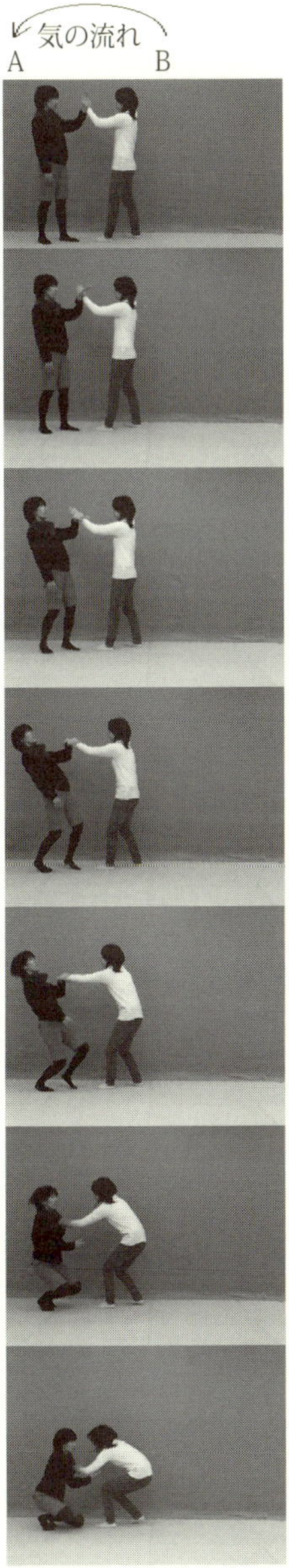

では、解説に入ります。

AさんBさん左半身で相対。左手の裏合掌からBさんの気を受け（吸収し）ながら、Aさんは右手をBさんの左肘に掛け、左手首どうしを絡めあわせながらその両手を支えにして、後ろに回転受身をイメージだけで行いつつ、実際には大きくのけぞりながらストンとしゃがむ。このときBさんもつられてしゃがむようになるのですが、最初はあわせてしゃがみましょう。

しゃがみの反動を利用してAさんは、（頭を向こうに仰向けに寝ているBさんをイメージして）Bさんを両手で引き起こすイメージで立ち上がります。するとイメージとは反対にBさんは後ろにコロッと転がります（寝ます）。

名付けて、裏合掌からの吸収イメージ受身、復位、反射法です。

つづいてAさんはBさんの起き上がりを補助します。

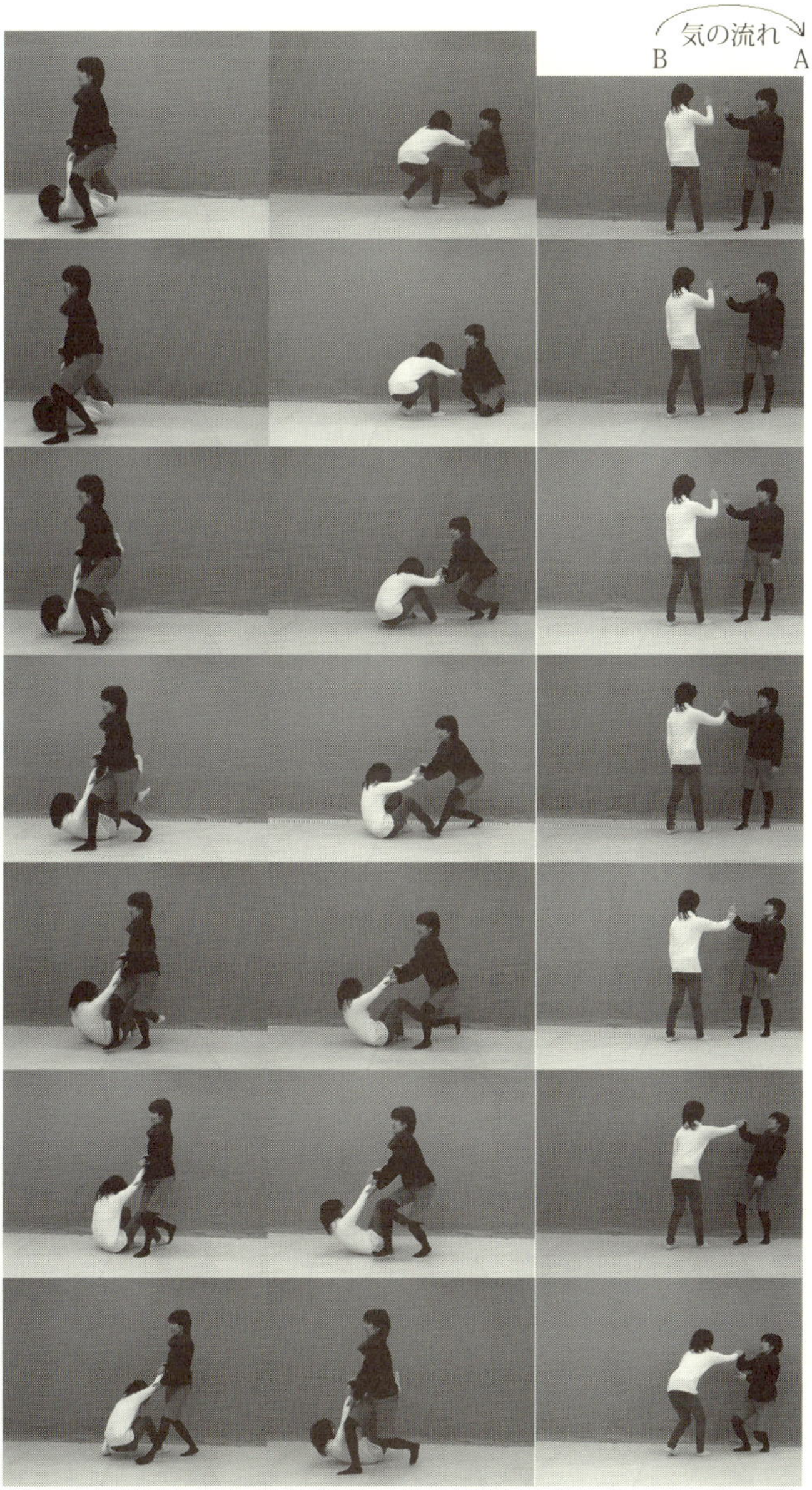
気の流れ
B
A

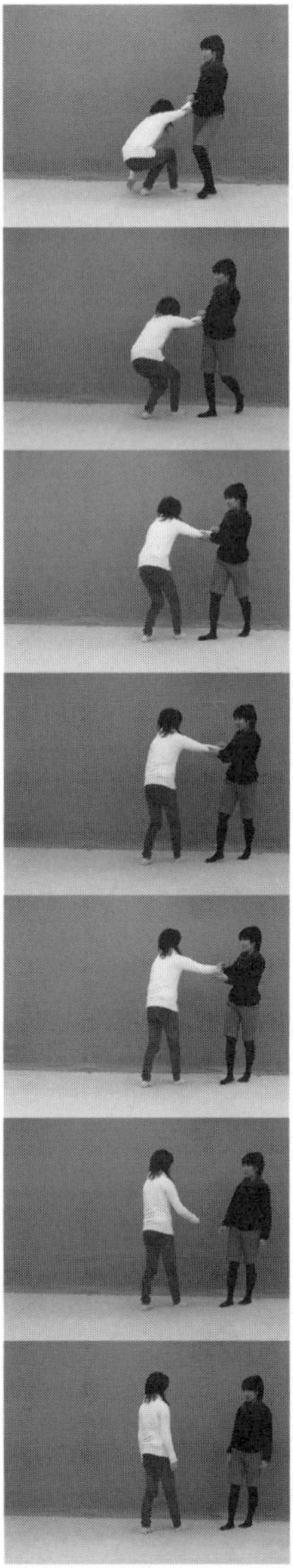

⑦　立合内手持ち左右相互吸収イメージ受身復位反射法

ＡさんＢさん左半身で相対。Ｂさんは気を発しながら左手でＡさんの左内手首を握っていきます。それを受けてＡさんは右手をＢさんの肘に掛けながら、イメージ受身を行いつつ、大きくのけぞってからストンとしゃがみ、その反動を利用して、あわせてしゃがんだＢさんを、今度は引き上げるイメージで立ち上がると、Ｂさんはコロッと後ろに転がります。つづいてＡさんはＢさんの起き上がりを補助します。

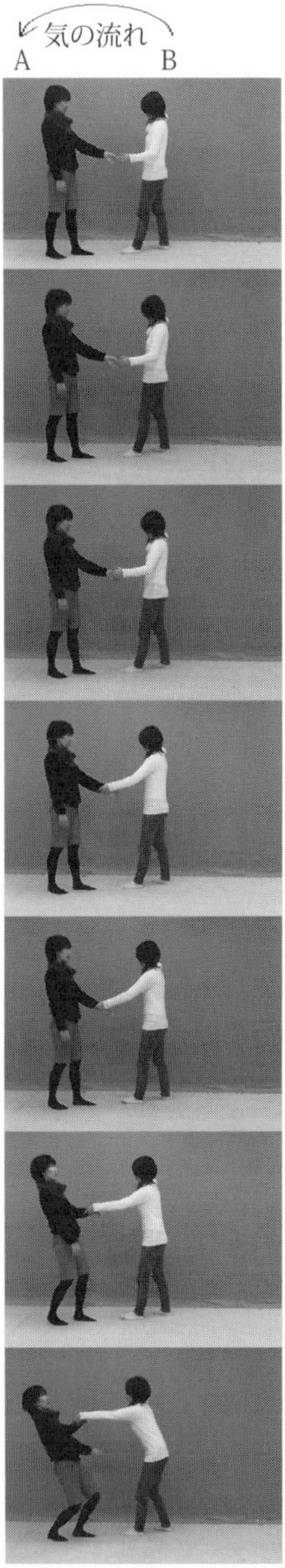

気の流れ
B
A

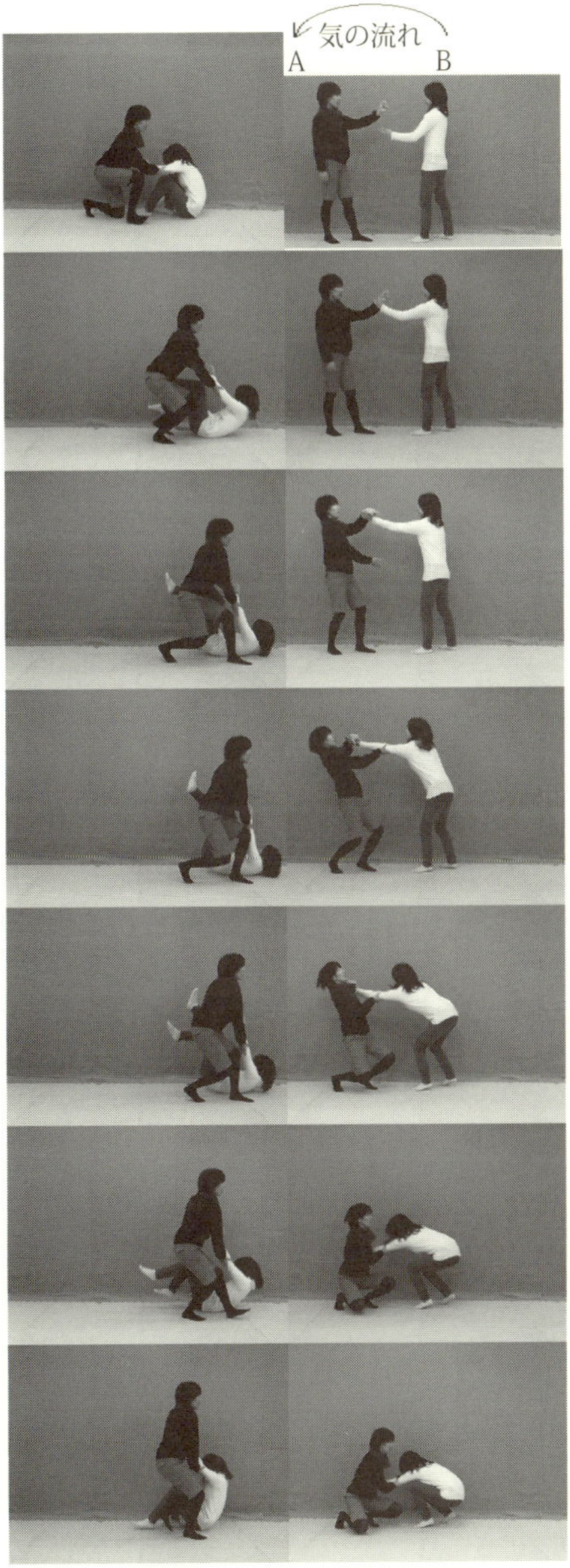

⑧　立合逆手握り左右相互吸収イメージ受身復位反射法

AさんBさん左半身で相対。Bさんは左拳を顔前に構えたAさんの内手首を逆手に握っていきます。それを受けてAさんは右手をBさんの左肘に掛けながら、イメージ受身を行いつつ、大きくのけぞってからストンとしゃがみ、その反動を利用して、合わせてしゃがんだBさんを今度は引き上げるイメージで立ち上がると、Bさんはコロッと後ろに転がります。つづいてAさんはBさんの起き上がりを補助します。

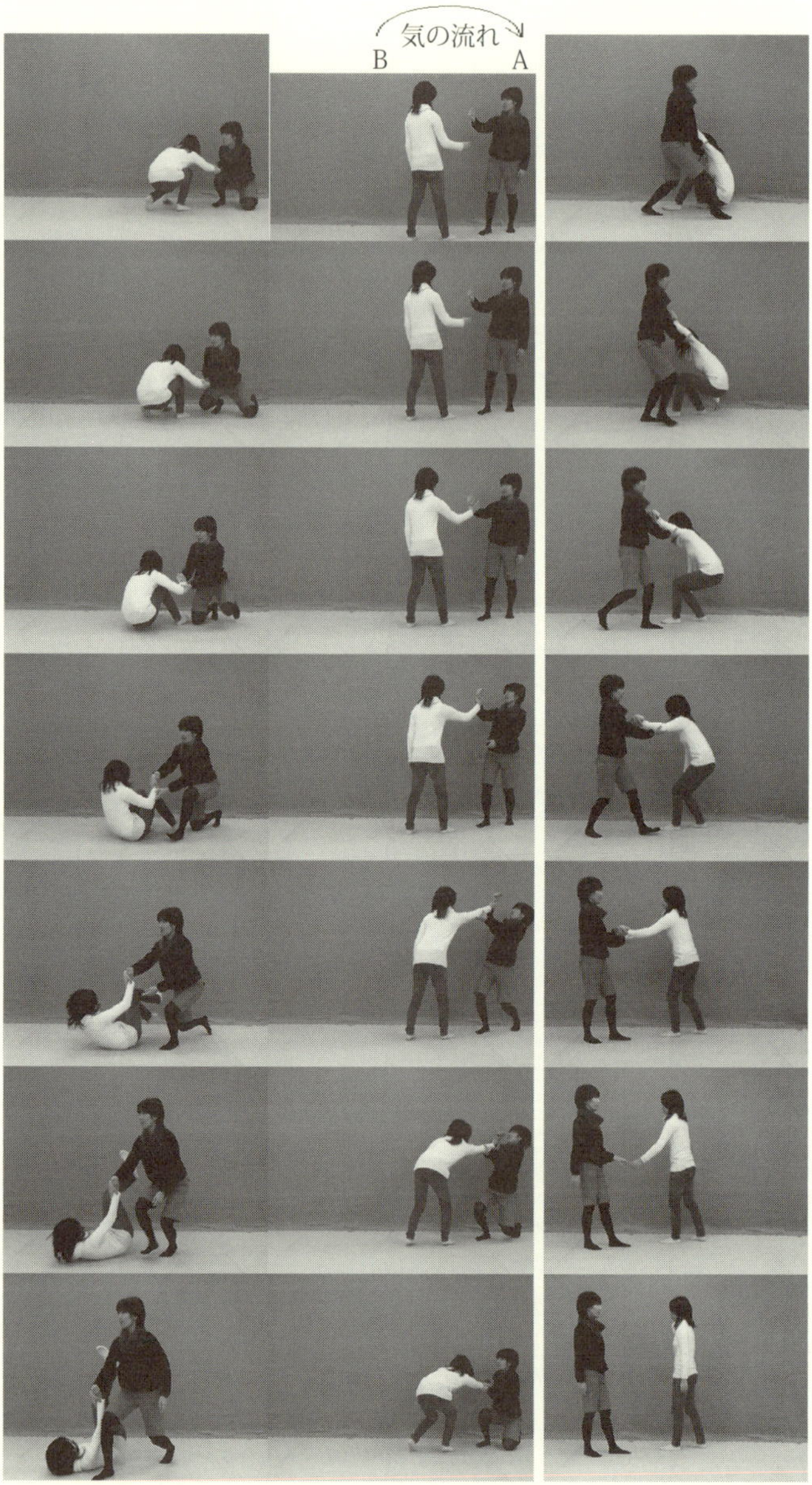
気の流れ
B
A

⑨　立合両手握り左右相互吸収イメージ受身復位反射法

Aさん Bさん左半身で相対。Bさんは、Aさんの両手首を両手で順に握っていきます。

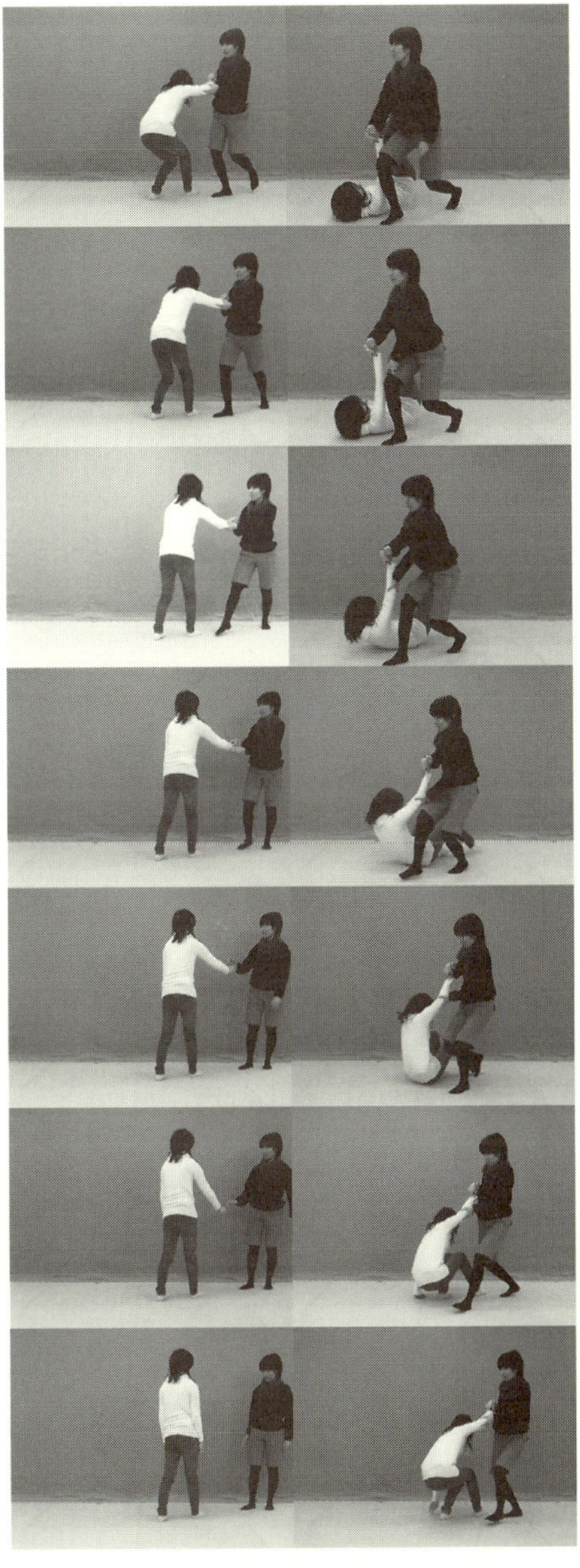

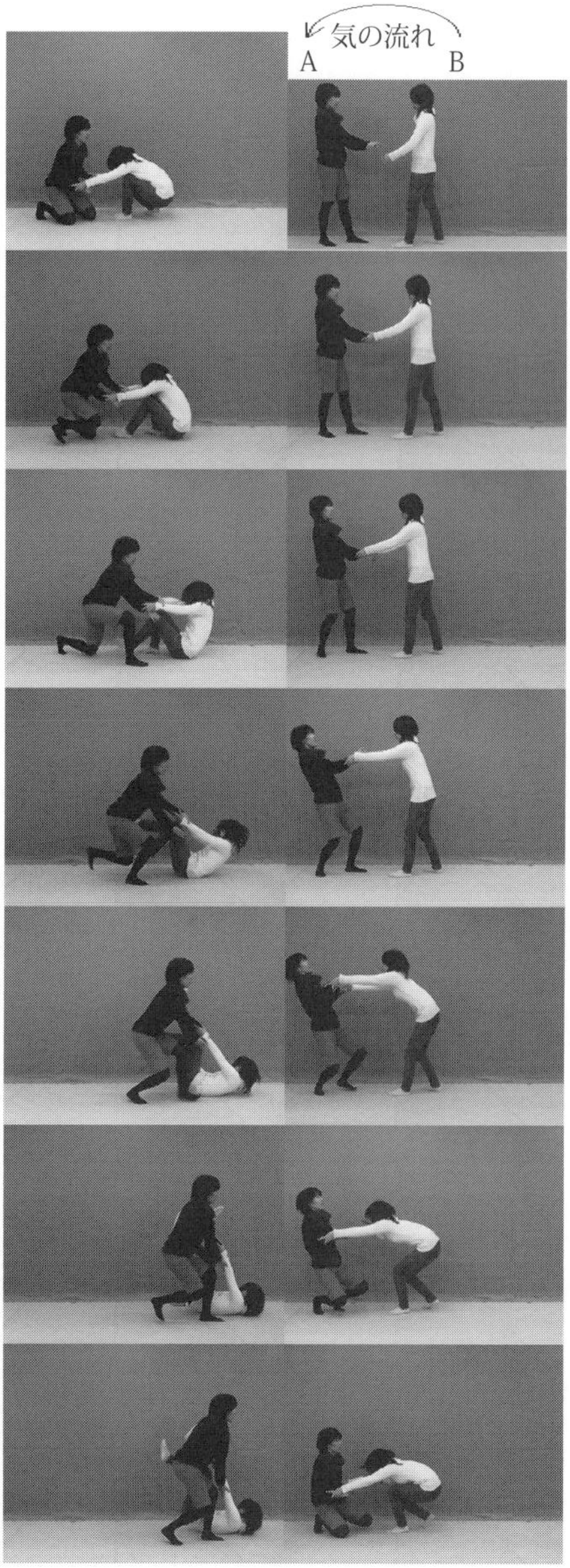

それを受けてAさんは両肘を両脇につけるように前に出、イメージ受身を行いつつ、大きくのけぞってからストンとしゃがみ、その反動を利用して、合わせてしゃがんだBさんを今度も引き上げるイメージで立ち上がると、Bさんはコロッと後ろに転がります。つづいてAさんはBさんの起き上がりを補助します。

気の流れ
B
A

⑩　立合中段突き左右下受け相互吸収イメージ受身復位反射法

AさんBさん左半身で相対。身体を正面に向け、中段突きを誘うように両手を開いてお腹の前に構えたAさんに対して、Bさんは右中段の縦拳突き。

Aさんは、Bさんの拳が動くと感じると同時に左手で触れたまま、右手掌で拳を受けつつ、中段（お腹）を引きながらのけぞるようにイメージ受身を行い、ストンとしゃがんだ反動を利用して、合わせてしゃがんだBさんを引き上げるイメージで立ち上がると、Bさんはコロッと後ろに転がります。つづいてAさんはBさんの起き上がりを補助します。

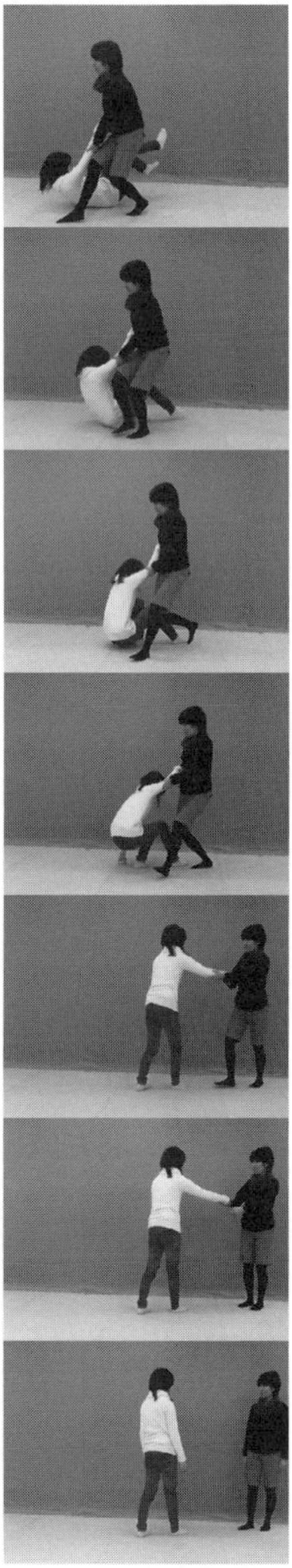

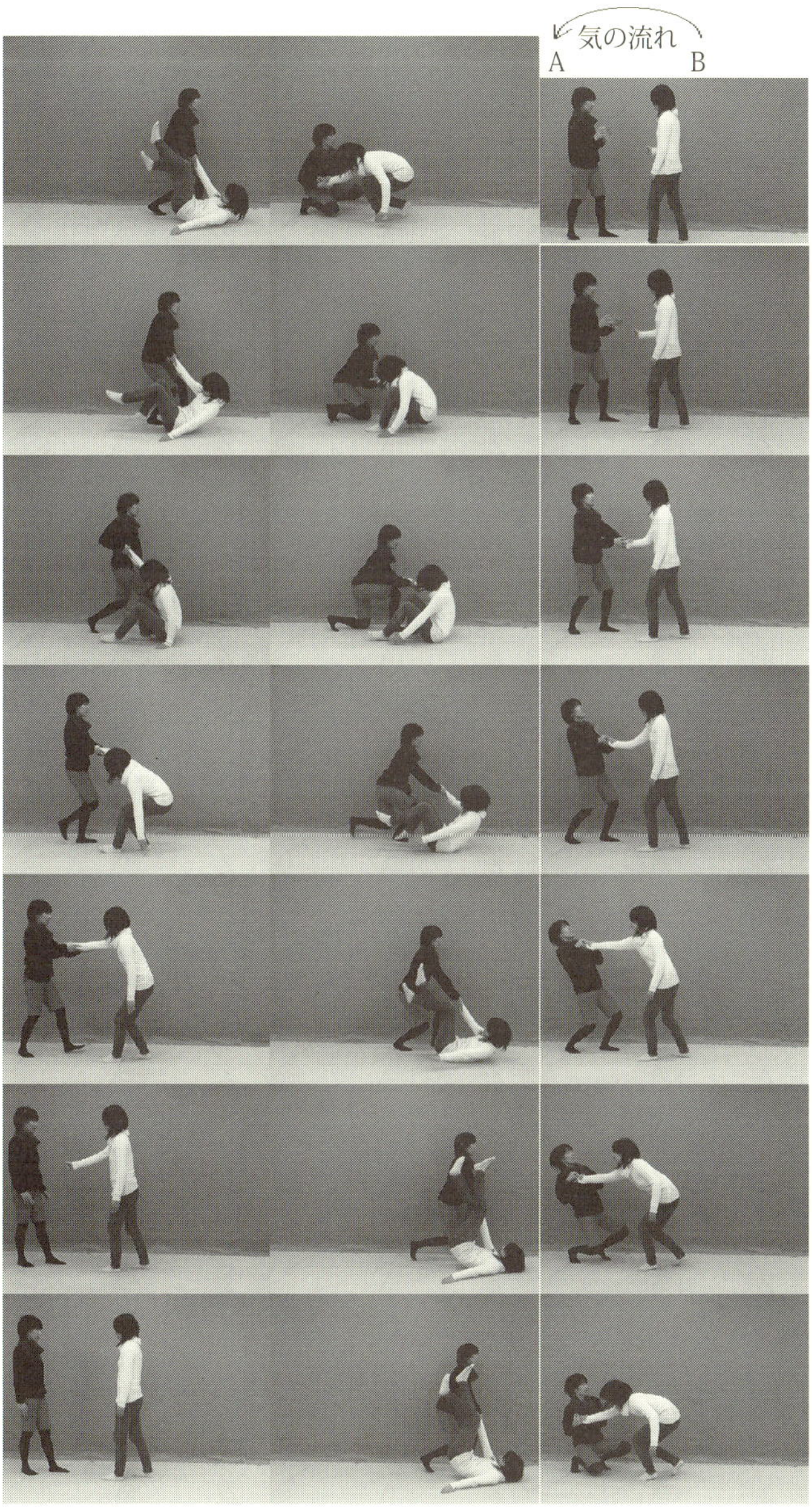
気の流れ
A
B

気の流れ
B
A

立合法　Ⅱ

① 立合内手持ち左右相互しゃがみ吸収反射法

Aさん Bさん左半身で相対。Bさんは左手で、軽く拳を構えたAさんの左内手首を握っていきます。

Aさんは、Bさんの手が動きはじめたところから、それを誘導するように右足を左足の横に寄せながらしゃがみ動作を開始し、手首を握られたときには右手も添えつつストンと腰を落とし、両手（左手だけでも可）をBさんの前足首（左足首）に掛ける。

Aさんは間髪を入れず、両膝をコトンとBさんの前方から後方に向かっておろすと、中座り状態のBさんはコロリと後方に受身。

Aさんは、すかさず立って追っていき、Bさんの前方への起き上がりの動作を補助します。

ここで、「しゃがむ」という動作について解説しておきます。通常、しゃがんでください、というと足の裏の全面を使ってしゃがみます。ところが手などを掴まれた場合は、お相撲さんの蹲踞の姿勢、つまり踵を浮かせたまましゃがむことのほうがむしろ多いようです。BBCでは、ぜひ両方にチャレンジし、その違いを楽しんでください。

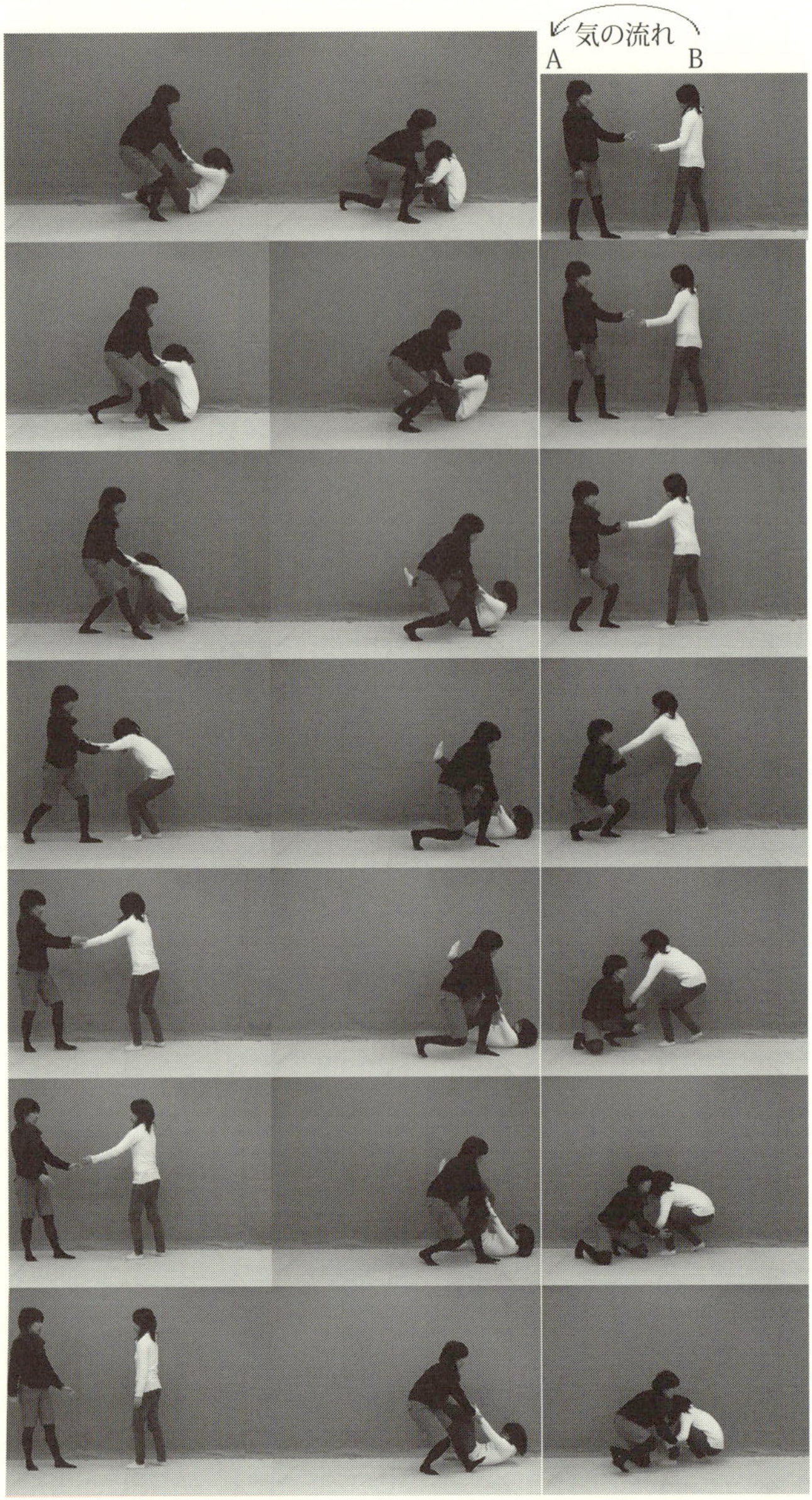
気の流れ
A
B

気の流れ
B
A

② 立合逆手握り左右相互しゃがみ吸収反射法

さあ、今度はお遊び感覚で楽しんでいただきましょう。一応、基本形は解説しますが、皆さんのやりやすいように工夫して行ってみましょう。

AさんBさん左半身で相対。Bさんは左手で、拳を胸前に構えたAさんの左内手首を逆手（丁字）に握っていきます。

Aさんは、右手で自分の左袖を下方に引きつつ、Bさんの左手をさらに下方に誘導するように右足を左足横に寄せながらしゃがみ動作を始め、合わせてBさんもしゃがんだときには、左手をBさんの前足首にかける。

間髪をいれず、コトンと両膝を前に落とすと、Bさんは後ろ受身に移ります。

Aさんはすぐに立ってそれを追い、Bさんの起き上がりを補助します。

さて、自分の左袖を下方に引く、という動作については、次のステップを提示しておきます。

まず下というのは自分自身の真下、踵の方向にむかって、と理解してください。できれば相手（Bさん）の肘を自分の足甲に誘導し軽く触れるまで、を目標にしてください。そして接した瞬間にはその方向を前方に移し、相手（Bさん）の足底を爪先から踵へ掬い通すイメージにきりかえます。

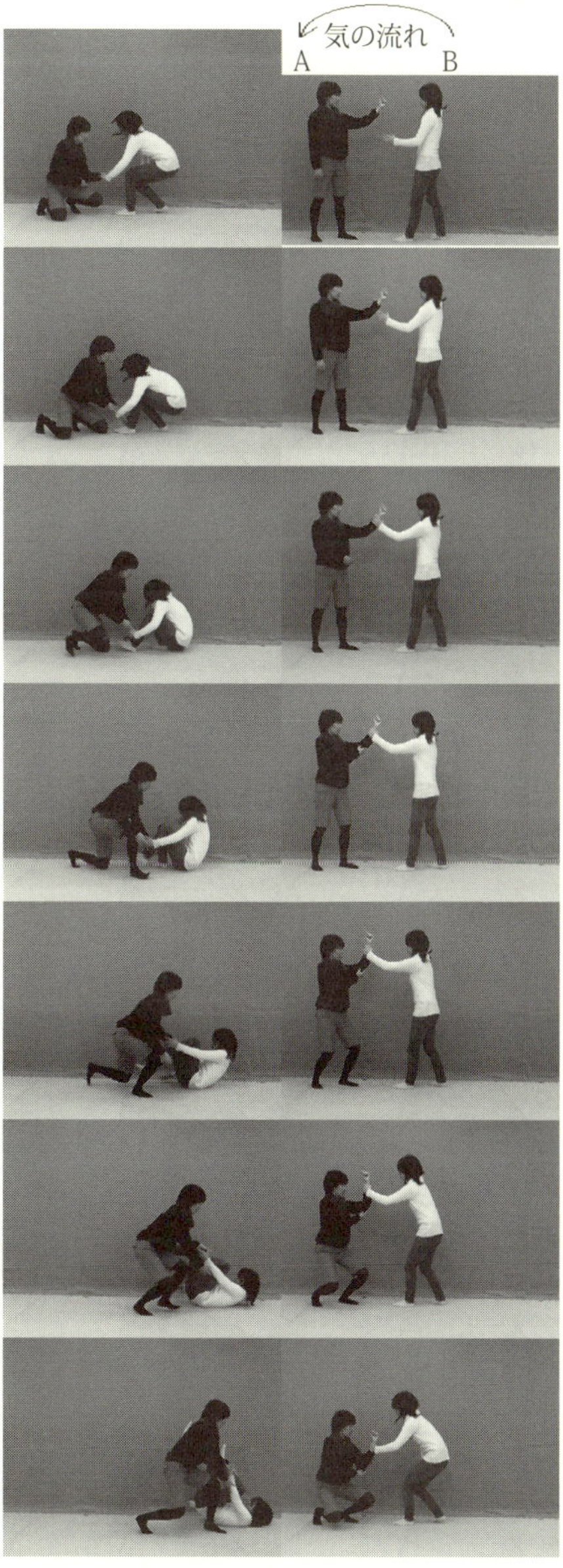

最初のうちはなかなか相手の肘は下がってくれません。そのときでも、肘が足甲に突いた、とイメージしましょう。そうです、実際にはその途中でも、イメージを先行させるのです。繰り返し繰り返し行っているうちに、だんだんイメージに近づき、やがてイメージどおりの現象が起こります。

いいかえれば、自分のこれからの行動を映像化しておきます。

じつは、これは実社会における自己改造プログラムとまったく同じものです。ぜひ試してみてください。

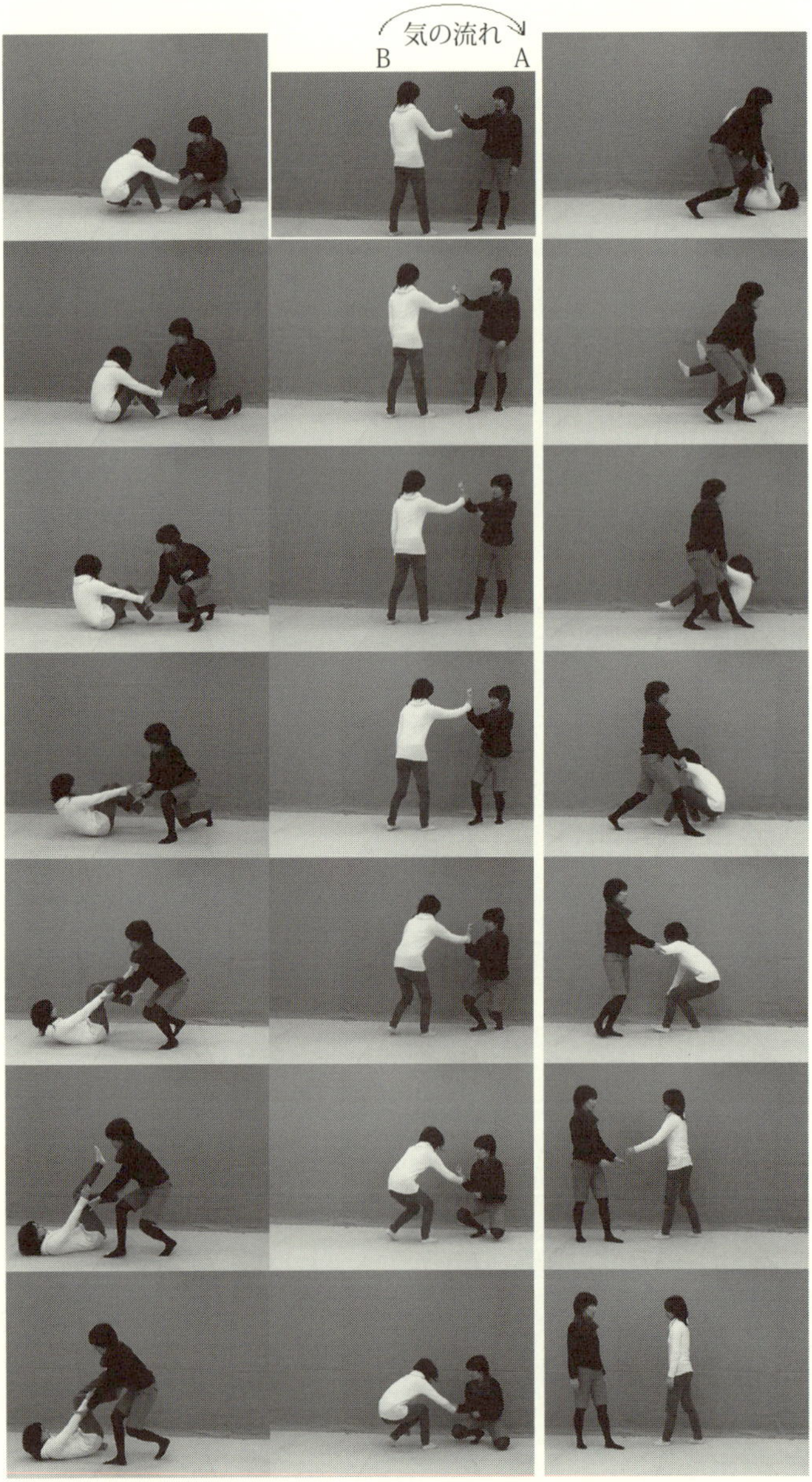
気の流れ
B
A

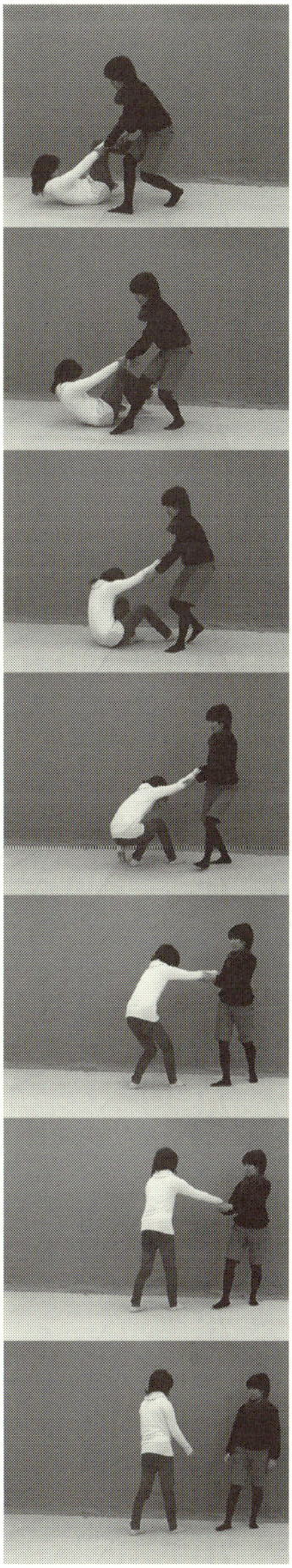

③　立合両手持ちしゃがみ吸収反射法

さらにお遊びがつづきます。「シャル・ウィ・ダンス?」くらいの感覚で取り組むほうがむしろ望ましいと思います。

AさんBさん左半身で相対。Bさんは、軽く拳を握ったAさんの差しだす両手を、こちらも両手で掴んでいきます。

Aさんはそれを誘導し、Bさんに両手を掴ませたままストンとしゃがみ、自分の両手を合わせてしゃがんだBさんの前足首にかける。Aさんの膝をコトンと前に落とす動作に合わせて、Bさんは後ろ受身。Aさんは、両手を握らせたまま立ち上がってそれを追っていき、Bさんの立ち上がりを補助します。

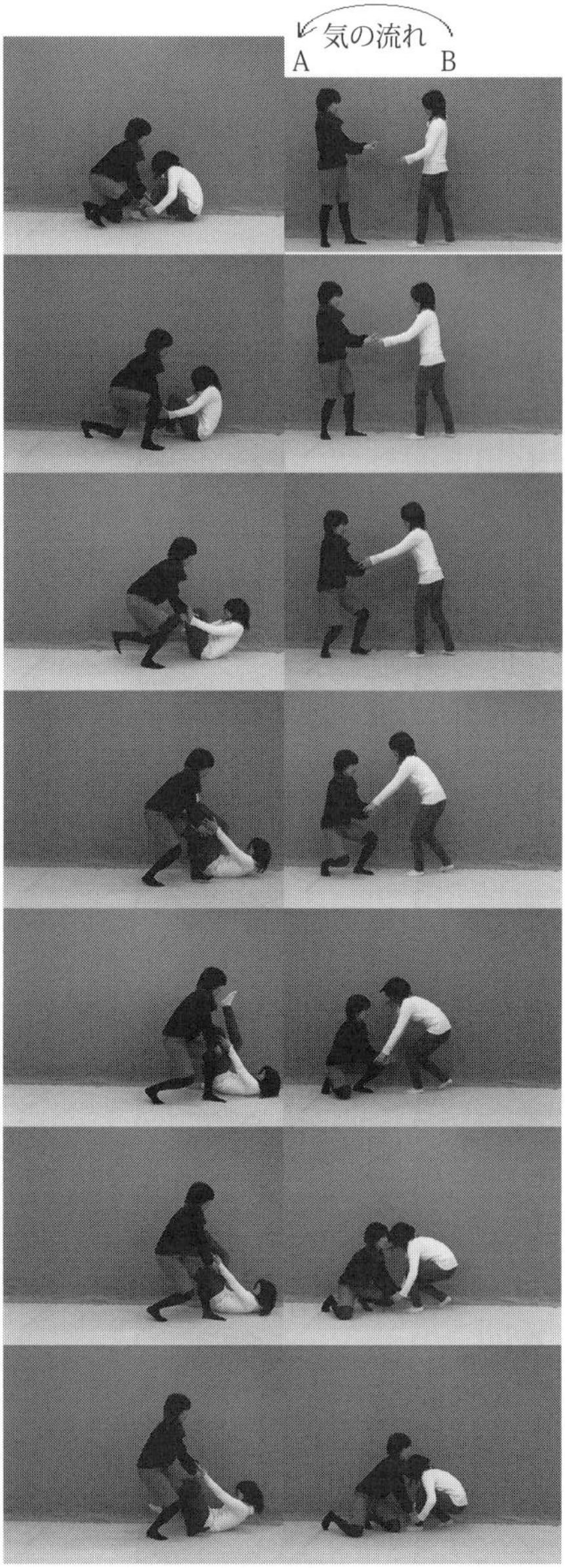

ここでも初体験の方のために詳述しましたが、前著からの愛好者の方々の場合はここまでしなくても、しゃがむ動作はイメージのみに任せ、半しゃがみだけでも同じ現象が起き始めます。ただし、ゆめゆめ油断のなきように。ついつい調子にのって倒してやろうモードに陥ってしまうと、相手の抵抗力も増してきます。調和力を自ら放棄することになります。

気の流れ
B
A

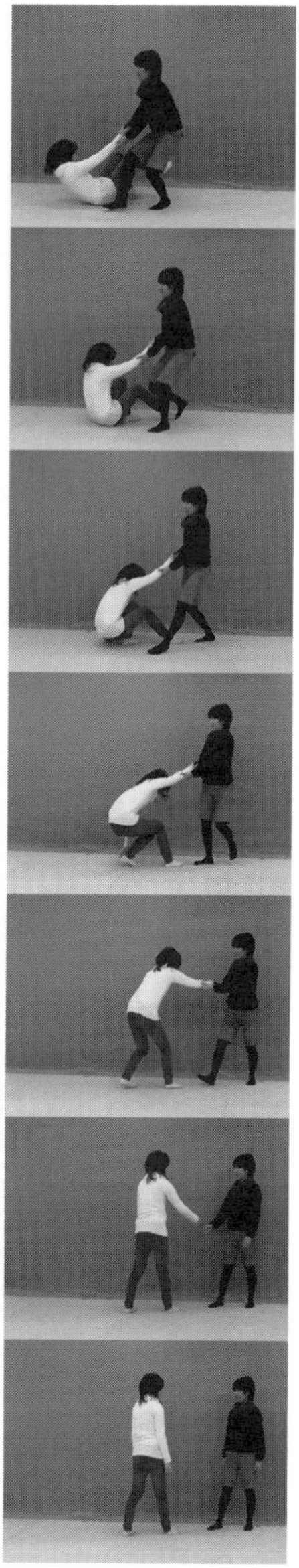

④　立合両袖持ち左右相互しゃがみ吸収反射法

さらに護身術っぽい反射法を用意しました。これに類した場面といえば、すぐにいくつか想像できます。襟をとられたとき、両手で首を締められようとされたり、持ち物に手をかけられたりした状態からでも設定は同じです。

通常の反応としては、当然のごとく力対力、腕力の強いほうに主導権を握られてしまいます。

じつは、ＢＢＣには小よく大を制す、の法をソッと埋め込んでありますます。

ひとつは、絶対に同じ土俵には立たないこと。パッとしゃがむという行為も、相手の視線から逃がれるというレベルから、そのすこし前、すなわち意識、さらには無意識の段階でしゃがまれると、まるでパッと消えたとしか認識できないようです。これを称して次元の違う技、などといったら笑われるでしょうか。

どうぞ、そんな意味の宝探しも楽しんで下さい。

AさんBさん、左半身で相対。Bさんは両手でAさんの両上膊《じょうはく》（二の腕）または両袖を前から掴んでいきます。AさんはBさんの動きが始まったと感じたところからしゃがみ動作にはいり、誘導を始めます。

Bさんの意識が両袖の握る箇所に集中し、握力が働き始めた瞬間にその目的物がストンと下に落ちるので、思わずそれを追っかけます。自らも同様にしゃがみながら。これがAさんのストンしゃがみの効果です。

念のためAさんは、両手をBさんの前（左）足首に掛けながら両膝をコトンと前に落とし、なんなら軽く体当たりか頭突きのジェスチャーだけで、Bさんはたまらず後ろ受身。すかさずAさんは立ってそれを追い、Bさんの両手を持って立ち上がるのを補助します。

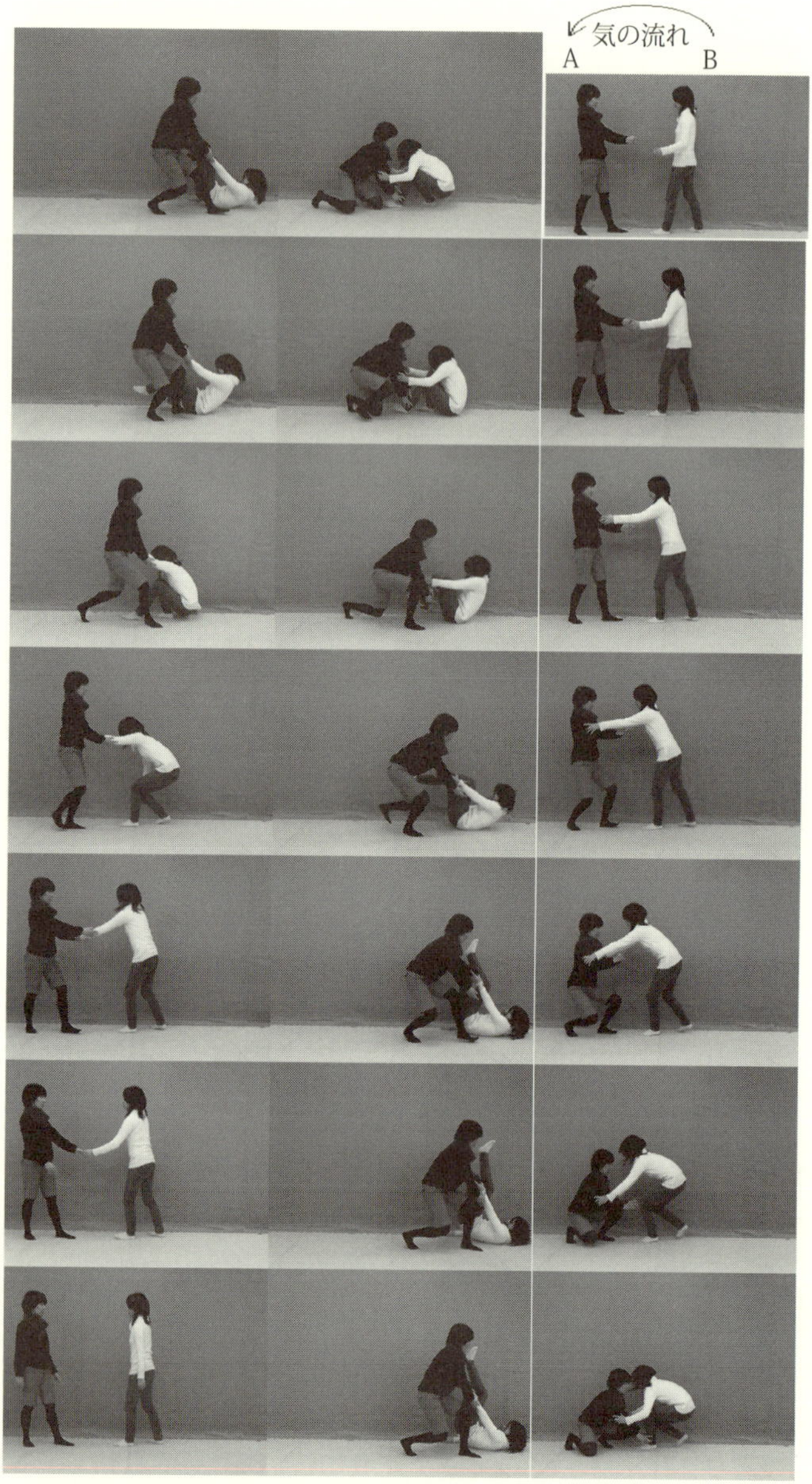
気の流れ
A
B

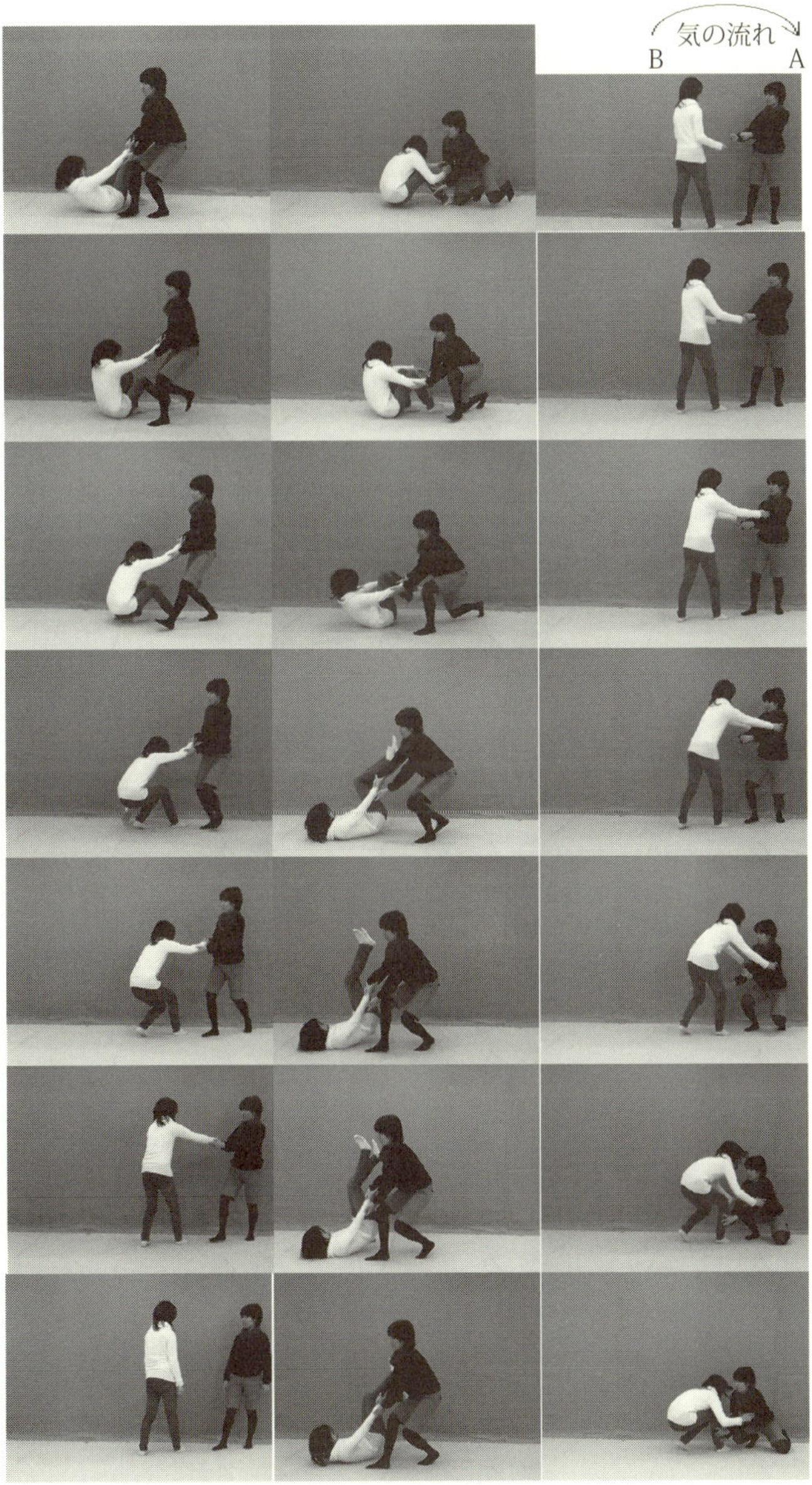
気の流れ
B
A

Ⅲ　ノートルダム清心女子大学・身体科学講座受講生の声

毎年の期末試験のおりに、実技試験とともに小論文を提出してもらっています。２０１２年度の１１３名の中から、傾向を分析するために共通項目を設定し、まとめてみました。

【身体】運動の習慣がついた（身体の細胞のつながりが見えはじめた　１名）　２６名
【健康】姿勢が良くなった　歪みがとれた　柔軟性増加　血の巡りよくポカポカしてきた　４６名
【ダイエット効果】（お腹がすく）６名
【生理痛がなくなった】（強く、綺麗になった　１名）　４名
【股関節脱臼調整法】、女児にしてあげられる（症例が女児に多い）　１２名
【武術】受け入れて、起こしてあげる法に興味　優しさを使えそう　動きがすばやくなった　４０名
【反射神経、動体視力が向上】　１名
【身心】心身体の一致感が鍛えられた（心が変われば……）　１２名
【心】・落ち着き　リラックス　リフレッシュ　イライラがなくなった　２３名
・感謝のこころ　１名
・精神統一　集中力　平常心　９名
・ユーモア　１２名

・内面的成長　３名
【気】宇宙・大地の力・気の力（に対する感性）４名
【日常生活】・受け入れる、起こしてあげることの実践が必要　３９名
・コミュニケーション力の増加　３７名
・優しさ　明るさ　積極性　大きな心　２５名
・楽しくなった　１８名
・笑顔　思いやり　怒らなくなった　１０名
・挨拶の大切さがわかった　３名
・合掌礼に興味　バイトが（で）キビキビ、疲れない　多数
【物理学】護身術への応用法がためになった　多数

以上、彼女たちの小論文より共通する語句を中心に抜き出したものです。例年のものでは、「人前に出られるようになり、

バイトを始めた」、「自信ができて、はじめて面接で内定をもらえた」、中には「弟や父あるいはボーイフレンドに試してみた」というものから、「男の人が倒せることがわかった」などという想定外の声もあり苦笑しています。

Ⅳ　愛好者の声

◇『ボディーバランス・コミュニケーション』（前著）の思い出（MO氏）

BBCが生まれる前からの体験をお話しします。十数年も前になります。

私は武道や宗教に興味があり、それぞれいくつかの体験がありました。そして、不惑の年を超える頃には、武道も宗教も行きつくところはひとつだと感じるようになっていました。

ある年代を過ぎると、人は己の死や、死後の行く先で、自分はどうなるのかについて不安になります。恐れといってもいいでしょう。

そんな頃、私はあるひとつの技について悩んでいました。多くの人に相談したり、教えを乞いましたが、納得できる自分には到達しませんでした。ふと思いついて、面識のあった著者・山﨑氏に相談してみました。

「難しい技ですねえ」、そして「どうですか、僕と一緒にやってみませんか」といわれたのです。

そこで受けた感動を私は今でも忘れません。ただ、これが十年も経ったかという頃に体感した一種の悟りのような自覚につながるとは、当時は思ってもいませんでした。

そのときの体験を先に書いておきましょう。武道というより、むしろ宗教体験というにふさわしい、信じる者は救われる、の世界でした。

やがてＢＢＣ（前著）にも紹介されるイメージトレーニングの最中、自分がただ一人で宇宙を浮遊している自分に出会います。目の前に月があり、その月は土色をしています。左側方に地球。青色に輝いています。私はそこでは完全に独りであり、他の誰もいず、声も聞こえません。家族も知人もいないそこで、決して孤独を感じていない私。なんともいいようのない暖かさと、そのうえ懐かしさを、強く、しかし静かな気持ちで感じていました。何十年か何百年か以前に、自分は確かにここにいたのだという確信を大変に強く、しかし穏やかな気持ちで感じていたのです。

トレーニングを終えて、その光景について考えてみましたが、まったく理解不能でした。私は考えるのを止めました。そして、それを全部信じて、全部を受け入れようと心に決めました。私の中で大いなる存在に対する信仰という言葉が、本当の意味で理解できたように思えたのです。どうも、苦しみや死に対する怖れも、じつはあのようなものだと、天が悩める私に教えてくれたのでしょう。

ＢＢＣが出版されて、聞かれるままに親しい友人にも紹介しました。それぞれいたく喜ばれ、年に何度か、一緒に修練に励んでいます。普通、修練といえば苦行を想起されるでしょう。しかしこの道は苦行は邪魔です。その思い込みを捨てることから、この道は始まります。

考えて理解でき得るものではなくて、考えるのも止めた時点から、誰もが本物の自覚が生まれるようです。力は無力で、それを捨てることができたら、本物の世界が、七十三歳の私にも垣間見えるのです。女性や子供達にもできます。武的可能性は、むしろ邪気のない一見弱者の中にも見出せます。「武は撫なり」の境地を体験しようとして生まれたＢＢＣです。すべての人々にこの道をお勧めし、世界平和に邁進しましょう。

＊　＊　＊

この方とは、じつは武道交流の記憶よりも、氏の関係する大企業のトップや、またその方の知る禅家の老師との面談をセットしていただいたご恩が忘れられません。

むしろここ数年、若い人達と違和感なく溶け合い、コロコロ楽しそうに転がっておられることに感動させられます。じつは、かなりの数の修練法や瞑想法、呼吸法の研究家なのです。お年をめされても、（もともとは理論家なのに）理屈は一切口にされずに、ただ身体活動にのめり込まれているお姿には脱帽！

ところで、もう酒の道はご教授いただかなくて結構ですよ。

（山崎）

◇調和力の偉大さを思う（整体師ＹＹ氏）

ＢＢＣに出合い、稽古を続けて十五年になります。自分自身を律し、姿勢を正し、歪めず・力まず・詰まらせず、調和を図る。ＢＢＣの要件はまさに人生の要件そのものであると感じています。

ＢＢＣは相対する相手との技の掛け合いをとおして調和力を養います。力で倒そうとすると相手の抵抗を招きます。相手も我も傷つき、対立は激化しますが、その反対に相手との調和をはかり、力を抜き、抱きかかえるような意識で対すると、相手は面白いように崩れ、倒れていきます。相対する人に訊ねると「なぜかわからないうちに倒れている」「訳がわからないので笑うしかない」といいます。打撃を与えるのでも屈服させるのでもない、

それなのに恐るべし調和の力です。

自分自身のこれまでの人生を振り返れば、言葉では平和を求めながら、実際はいかに対立の多い、矛盾した、自分本位の力んでばかりの人生であったことか。調和力の偉大さを教えられたＢＢＣとの出合いのなかで、明らかに今までとは違う世界を見出せたように思います。

東日本大震災は、日本社会と人々にこれまでにない大きな転機をもたらしました。我々がつくりあげた社会の在り方、人と人との関係性、幸福とは、豊かさとは……。さまざまな問いかけが始まっていますが、私自身もＢＢＣを続ける中で、宇宙の調和や世界平和を強く願うようになりました。森羅万象のすべてが大いなるものの計らいであり、その恩恵のなかで我々人間も生かされている。今はそれを素直に実感できます。経済至上主義の下で、宇宙の摂理も生態系も無視した自然破壊が進行するいま、地球環境の再生と共生社会への願いを込めて、これからもＢＢＣの調和の思想を広めていきたいと考えています。

私は整体の仕事をしていますが、来院される皆さんの健康についても、調和の視点で捉えることが非常に重要であると思っています。私たちが健康であるためには、心身のバランスや、病気を寄せつけない免疫力が保持されていなければなりません。それが崩れたとき、身体にはさまざまな痛みや不具合が現れます。私たちの仕事はその主な原因を探り、生活習慣を正し、皆さんが自ら主体的に健康

（調和）を取り戻すことを手助けするものでなければなりません。施術に関しても、相手の筋肉の反射、呼吸の深浅、心の状況など、相手との調和を図りながら行っていますが、相手の健康を願い調和を意識した施術は、自分自身に決して負担をもたらすことはありません。これも特筆すべき嬉しい発見でした。ＢＢＣの効用はこんなところにも表れています。

ＢＢＣの習得は簡単ではありませんが、何よりもこれは自己を修め、人々の幸福に貢献できる、調和力を備えた自分へと成長していく終わりのない試みです。また古い殻を破り、新たな自分を創造していく喜びに満ちた作業でもあります。自分の可能性を信じ、諦めずに探究する気持ちがあれば、必ずいつか習得できると信じて、この一筋の道を真摯に究めていきたいと決意しています。

師と先輩の導きに感謝しつつ。

＊　＊　＊

この方はＯ氏の紹介で、年数回、夜行列車を乗り継いで訪ねてこられます。三人でよくコロコロ転がったものです。

ごく最近、お仕事の影響か、体調を崩されて修練を中断されていましたが、復帰後、スッキリとした正中線をものにされ、力みや気のつかえが消え、もともとのお人柄にマッチした立ち居振る舞いが印象的なカムバックを果たされました。病もプラス転換のきっかけとされたのでしょう。敬服。

この方の周りには、さらに多くの人が集うことでしょう。

（山﨑）

◇子供達の幸福を願って（主婦MT氏）

主婦歴四十年の私は団塊の世代。還暦などはとうに過ぎてしまいました。この頃では波乱万丈の自分史を静かに振り返ることもできるようになりました。それは年のせいばかりでなく、現在の私が嘘偽りのない幸福を実感できるからでしょう。

縁あって、数年前から調和力を養うBBCの教室に参加させていただいています。心身の力みをなくし、天と地を結ぶごとく立ち、宇宙のエネルギーに身を委ねる感覚で相手と向かい合います。調和力が研ぎ澄まされると、我彼の動きの中で相手は魔法のように崩れ落ちます。しかしなかなかうまくはいきません。長い間、なまじ護身術をかじってきた私達は、誰かと相対した途端に身構えます。この悲しい習性が相手をより硬化させ、護身どころか対立の激化さえ招きます。

さらに自分本位に相手を倒そうなどと不遜な気持で対すると、まったく技はかかりません。反対に敵意や怖れをなくし、相手を包み込む調和の境地で対すると、相手の抵抗をほとんど感じることはありません。力も抜けば抜くほど相手に有効に作用するなど、ＢＢＣをとおして気づかされた衝撃の事実は、私たちの固定観念を根底から覆すものでした。修得するのは容易ではありませんが、ＢＢＣは私たちの骨の髄まで染み込んださまざまな思い込みの呪縛から心と身体を解き放つ、優れて稀有な訓練法だと思います。

さて、驚きの玉手箱のＢＢＣですが、これはテクニックを得るためのものではありません。宇宙の真理を学び、世界の平和を願う人づくりに必ず貢献する無二のプログラムと確信しています。簡単そうに見えて難解で、抜群に面白い。その魅力はとても言葉で表現することはできません。

仲間達と一緒に和気藹々と、無心に行じるＢＢＣの鍛錬は、私には何にも代えがたい大切なものとなっています。技の掛け合いのなかで、気づかなかった自分の傾向が露わになります。「いま現象として起っている調和を阻む原因は？」「身体と心のどこに由来するもの？」……。自分への問いかけがなければ進みません。

この一歩一歩が自己改造へとつながるのでしょうか。人一倍我が強いといわれていた私に、最近ではみんなが「丸くなったねえ」「トゲトゲが出なくなりましたね」などと評してくれるようになりました。有難い仲間達です。

未曾有の東日本大震災から三年。被災地では悲しみや不安と格闘しながら日々を生きる人々の懸命な努力が続けられています。原発事故により故郷を奪われた何十万もの人々が困難を抱えながら全国各地に存在します。こうした現実のなか、先般、「経済活性化のために原発輸出」の報道がありました。信じられない話です。福島第一原発は未だ収束への道筋さえ見えません。取り返しのつかない災厄をもたらし、コントロール不能となったその原発を他国に売り込むとは……。行き場もなく増え続ける放射性廃棄物、汚染の拡散、内外被曝は更に広がり、人間ばかりではなく、生態系そのものが大きな打撃を受けるでしょう。緑滴る大好きな季節ですが、私には目に見えない無数の命が「助けて！」「気づいて！」と、声なき声を上げ叫んでいる。そんなふうに思えてなりません。

私には五歳になった孫がいます。無邪気な瞳で見つめられると、「自分は人間として恥ずかしいことはしていないだろうか」と、思わず襟を正されます。そして私たち大人は世界中の子供達に大きな責任を負っているのだと改めて思うのです。

どんな生物も単独では生存することはできません。すべては宇宙の計らいのなかで、大いなる自然の恵みに支えられ、つながり合って生きています。そのことを人間はいつしか忘れ、地球を傷つけ、たくさんの種を絶滅に追いやってきました。子供達に大切な地球を守り継ぐためにも、人間を取り巻く自然環境、生物多様性の価値、本当の豊かさについて目を開き、感謝を忘れない社会でありたいと思います。

その意味でいま注目したいことがあります。大震災以降、人間中心の科学技術万能・エネルギー大量消費の現代社会に疑問が投げかけられるようになりました。かつてない多くの人達が自然の理に反しない社会のあり方、平和に徹する生き方を真剣に求めています。今はまだ小さな光かもしれません。ですが、人々の質と情熱こそが山を動かすのです。現実が重ければ重いほど、希望を見失わずに歩んでいきたいと思います。

未来を生きる子供達が自然をかけがえのないものと感じ、人間以外の生きものにやさしい眼差しを向け、そして何よりもこの地球に生まれたことを心からよかったと感じられるような、そんな世の中を創りたいと切望します。いいえ、みんなの知恵と力を寄せ合えば必ず叶う、実現すると信じましょう！

私たち一人一人が調和力を高め、愛と勇気を持ち、思慮深く公平な人間となって社会を変えていくのです。そのために、世界中の子供達の幸福を願いながら、ＢＢＣを生涯の修行にしていきたいと考えています。

まったく同感です。お孫さんの無邪気な瞳の輝きに接する歓びと、地球レベル、いや宇宙レベルで洞察し、果たすべき我々大人の使命や役割に躊躇なく、一本の軸を見通しておられる方なのだと心強く拝見いたしました。

＊　＊　＊

言葉だけではなく、行動し、人びとに訴えていく。何か、自分自身の生き方にも通じる、いい替えると、同志的な共感を覚えます。

こんな方をも一生懸命にさせるＢＢＣに、新たなるエネルギーを送っていただきました。（山﨑）

◇ＢＢＣとヨガ（女性ヨガ指導者ＭＳ氏）

私は現在、自宅の道場にて、武道とヨガの指導をしています。私は、ＢＢＣに出会うまで、武道において男性相手に技をかけるために、四十歳を過ぎても、筋力トレーニングに励んできました。しかし年齢的にも限界があり、腱鞘炎、腰椎分離滑り症等、手術を要するほどに、身体のいろいろなところが悲鳴をあげ始めていたのです。もう武道を続けることは無理なのだろうかと考えていた頃、日本でヨガブームが再来しました。小さい頃から母とヨガ教室に通っていた私は、細々とヨガの練習は続けていましたが、真剣には取り組んでいませんでした。しかし、身体をよくするためにはやはりヨガしかないと思い、十年前に本格的にヨガの勉強を始めたのです。

十年前は、左脚、左腰の激痛のため歩行も困難だった私が、理論的なヨガのメソッドどおり練習を行うことにより、一年後には走ることもできるようになりました。本当に感動でした。

武道を続けるために、それ以来、ヨガの練習を毎日欠かさず行っている状態です。人生をよりよく過ごすために、また、人生の目標を実現するためにヨガをするという私の姿勢に共感を持って下さった方が口コミで集まり、ヨガの生徒数は現在、百人以上になりました。

BBCの本（前著）が出版されてから二年間、ヨガと並行して、自己流でBBCの練習をしていたのですが、本当に光栄なことに、三年前に山﨑先生から、直接ご

指導頂ける機会を得、今日に至っています。

ヨガのアサナ（ポーズ）は、地面からの気を足の裏から自分の身体のすみずみまで回し、指先、頭頂部まで伝えていきます。それができたときは、気持ちよく瞑想状態になります。この気の回りを感じるには、アサナが完璧にできている必要があります。ヨガのアサナの最後の目的は身体を整え、アサナを行いながら、瞑想状態に入ることにあるともいえます。

当初から、ＢＢＣの練習終了後、ヨガの練習終了後と同じ気持ちよさを感じていましたが、最近、ヨガの練習後にはない、もっと大きな気持ちよさを感じるようになりました。

ＢＢＣとヨガの大きな違いは、ヨガは一人で行うのに対し、ＢＢＣの練習には相手がいるということです。ＢＢＣでは、ヨガのように地面からの気を吸収するだけでなく、相手からの気も吸収し地面を通して、また相手に吸収してもらったりします。気を、自分だけで回さず、相手と回し、最終的には全宇宙を意識できるようにという練習方法が、ＢＢＣの練習後に最高の気持ちよさをもたらす所以ではないでしょうか？

私は腰椎分離滑り症のため、左右の脚の長さが2センチ違いました。ヨガの練習でも、改善は見られませんでしたが、医師からもさじを投げられた腰がヨガの練習によって、ここまでよくなったのだからと思い諦めていました。しかしＢＢＣの練習を続けた結果、先日、両脚の長さが同じになっているといわれビックリしたのです。ＢＢＣの練習では、赤ちゃんのように無心になり、転がります。しかしヨガでは、自分の身体を左右対称に使えるように練習するのですが、腰に持病があり左右のバランスがくずれている私には、それは難しい作業で、とても無心になれる状態ではありません。この無心で転がり練習するという動作が、身体の左右のバランスを整える、大きなポイントになっていると思わざるを得ません。

以前は、歩行の際、短い脚には体重を乗せることがスムーズにいかず、片脚への体重移動が少ない歩き方をしていました。階段を登る際はそのバランスの悪さを如実に感じていました。

しかし、ＢＢＣの練習後は腰回りは軽く、左右のバランスよく歩行ができるのです。山﨑先生に練習を見てもらって後、仲間達と電車で帰るのですが、駅で階段を登る際、本当に驚きます。両脚にバランスよく体重移動ができるのです。その感動を練習仲間に話しますと、皆私と同じく身体に変化があるといいます。帰り道はいつもＢＢＣの素晴らしさについて語り合いながら、素晴らしいひとときを過ごしています。

この楽しい会話ができることも、ＢＢＣのもたらす恩恵だと私は思います。相手の力、気を吸収する練習をすることによって、身体的な吸収だけでなく相手の気持ちも吸収できるようになり、調和の心が養われるのです。

前述しましたように私は、ヨガの他に、小学生、中学生の子供達に、武道を教えています。二年前からＢＢＣの練習方法を取り入れたのですが、半年位で子供達に変化が現れました。身体を動かすことが苦手な子供達に体軸ができ、力まずに技ができるようになったのです。厳しい練習をしたわけでもなく、楽しく練習を続けただけで、運動に質的変化が生まれたのです。それと同時に道場の雰囲気、流れる空気が変わってきました。心の変化です。子供達も相手の気持ちを吸収できるようになり、調和力のある子供達に変わってくれたのです。

ＢＢＣの練習をすることだけで、私が教えたいことが子供達に伝わることに感動しています。このＢＢＣの修練方法はスポーツ界、子育てサークル、また、不登校の子供達に、うまく活用すべき素晴らしい身体訓練法だと私は思います。そして、この修練法こそ、今の時代に求められているものではないでしょうか。

ＢＢＣに出会えたこと、本当に感謝しています。

＊　＊　＊

ＢＢＣは、あらゆるスポーツや武道を行うとき、まず最初に、ＢＢＣのいくつかを試みたのち始めていただくと、より良い効果が現れます。

気の流れが整い、心は豊かに身体はリラックス、当然の結果として骨格も自分自身の内面の力で調整されます。

準備運動にもなり、基礎訓練ともいえそうです。

不登校の子供さんへの実践例もありますが、続ければ続けるほど、積極性、明るさは確実に戻ってきます。そんな資質はもともとあったんだ、という信念と継続こそ命でしょう。一、二回でとりこにできるように、私もさらに調和力を磨いていきます。（山﨑）

◇国境を越えて笑顔をつくる言葉「ありがとう」（起業家ＫＭ氏）

私がＢＢＣに出会ったのは、今から四年程前になります。著者・山﨑先生の手ほどきを受けるため、四国に年三、四回お邪魔し直接指導していただき、体感するたびに変

化していく自分に気づきました。

その中で一番の変化は、心から感謝し「ありがとう」といえるようになったことです。

ＢＢＣを体験し、（相手の気を）吸収し調和することが日常生活の中でいかに大切かを知りました。私も五十歳を過ぎ、今までの自分を振り返ると赤面の限りです。三十年近く機械商社に勤め、同僚と売上を競い、時としては相手を否定し、ライバルを蹴落として勝ち抜くしか発展はないと、部下を叱咤激励し、持ち前の負けん気で我を張って生きてきました。その結果、部長に昇進したところで組織の若返りのためという理由で解雇。その悶々としているときにＢＢＣと出会ったのです。

ＢＢＣでは歩行法から呼吸を整え、自ら転がり、相手（の気）を感じ、吸収する。そこから調和力が生まれ、いただいたエネルギーが今度は相手に伝わる。そのことに気がついた頃、仲間三人で会社を立ち上げることになったのです。三年前のことです。

「人は変われる」ことを身をもって体験しました。考え方と日常の行動を少し変えるだけで、劇的に変われるのです。まさに、身体活動からの自分磨きでした。

もうひとつの出来事も見逃せません。知り合いの方から、町長の発案で教育長が進めている健康増進プログラムを手伝ってもらえないか、と依頼があったのです。早速著者にも相談し、月に二回、二年間のＢＢＣ講座がスタート。最初は指導する方もおっかなびっくりで、歩行訓練から二人一組での呼吸法。皆でコロコロ転がって、時間が進むうちに変化が起こったのです。笑顔と笑顔、あちらこちらで「ありがとう、ありがとう」の弾んだ声。教育長までが上着を投げ捨て「楽しいねえ」と、これまた笑顔。

十人ほどの受講者のうち、六十歳近い一人の女性は二年間の皆勤でした。じつは一番苦手そうで、膝が痛い、肩が痛いと尻込みしきりでした。すぐに持ち前の明るさが評判のスタッフのAさんが付きっきりで……。やがて、呼吸法から笑顔のコロコロ転がりが始まると、ゲラゲラと笑い声が上がり、顔つきまで一変。のちに「なんか積極的に生きられるようになりました」との言葉がきわめつきでした。

そして、一番変わったのは、私自身でした。

会社も立ち上げ、仕事も順調、BBC講座も今では町の健康イベントの常連となり継続しています。仕事のほうは三期目に入り、仲間も十五人になり、中国、東南アジアからインドにも進出。私も海外担当役員、統括営業本部長を拝命、月のうち二十日以上海外暮らしです。そこでもその国の言語で「ありがとう」を教わり、笑顔の営業をしています。

BBCを体感し、吸収と調和の意識で生き方が変わったのです。話し上手より聞き上手。肯定的に相手の意を受け入れ、十分腹に入れたうえで返す言葉が相手に通じる。ライバルと競うのではなく、業界の役に立つこと、社会の役に立つことに視点を変えると、日々の在り方まで変わってきます。

生き方を変えるのは、じつは簡単だったのです。私のスイッチは「ありがとう」でした。

BBCに感謝。「ありがとうございました」

＊　＊　＊

私もじつは起業家の一人でした。この方同様、今思うと、せざるを得ない状況と、やったらできたという体験でした。

当然の如く、一人ではなにもできません。まず自分が動くと、必ず賛同者や支援者が現れるようですね。

考え過ぎると動けません。だれしも新しい企てには、一瞬のためらいが生じるものです。しかし、そんなときポンと背中を押してくれたのは、もう一人の自分。そんな気がしてなりません。きっと、「ありがとう」の輪もさらに拡がるでしょう。

（山﨑）

◇子供がそのまま大人になった（ような）人の話（小学校教師YT氏）

私は、生まれて初めて正座からコロコロ転がることをしました。「こんなことをやって何になるのだろう」と思っていました?!　しかし、やっていくにしたがって、いろいろ自分に変化が起こってくるのがわかりました。信じて行うこと！　永平寺の修行の本に「行はなぜと問うてはいけない」と書いてありました。まさにそのとおりだと思いました。

コロコロ転がったら、気持ちがいいのです。なんともいえない気持ちになるのです。私は肩こりがひどかったのですが、不思議なことに、最近はほとんど肩が凝りません。もうひとつは、胃の調子がいいのです。嫌なことや心配事があると、すぐに胃が痛くなり、よく病院に行ったのですが、最近は絶好調です。まったく病院に行くことがありません。ほんとうに不思議です。

私は小学校の教師をしていますが、子供達を見る眼の視点が、間違いなく変わってきました。少し、話したいと思います。

☆心の物差しが広くなった

クラスの子供を自分の枠の中に入れ、そこからはみ出す子供は、なかなか受け入れられなかったので

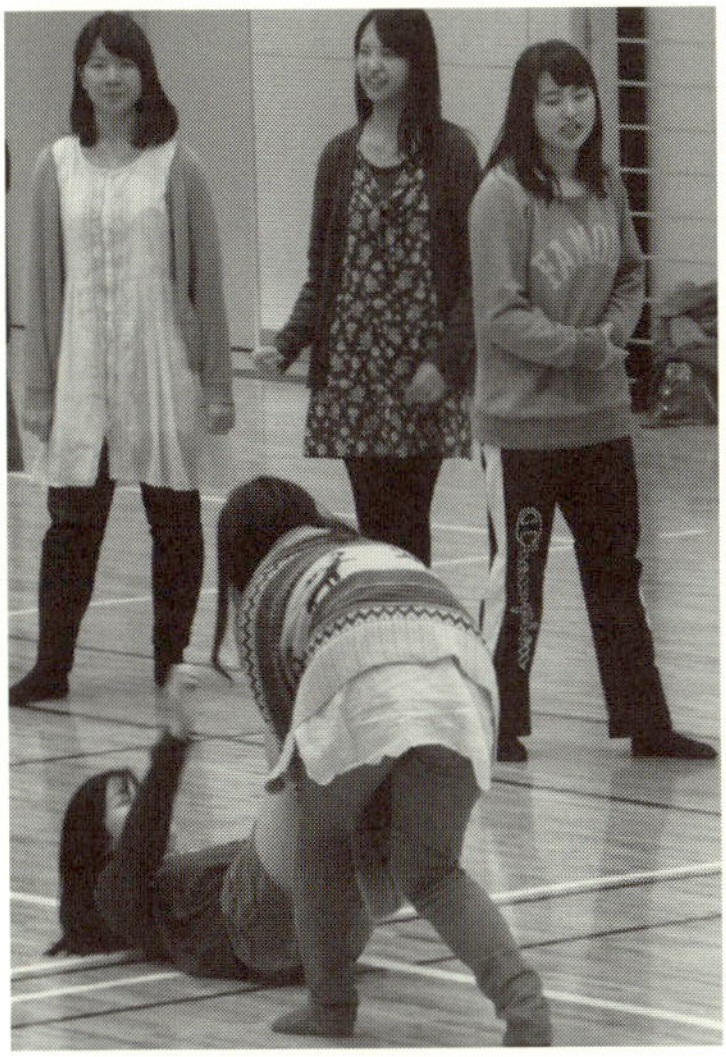

すが、自分の枠が広がったみたいで、やんちゃな子供でも、受け入れることができるようになりました。若い先生にも私の考えを話しています。

☆ふわふわ言葉

教師の宿命でしょうか、どうしても「……してはダメ」「……するな」という言葉を多く使っていたのですが、気がつくと結構「……しましょう」「……してくれたら嬉しいな」と、否定ではなく肯定的な言葉が多く出るようになりました。叱るときも、きちんとした日本語で叱れるようになりました。ゴミを拾ってくれたら「ありがとう」、先生嬉しかったよ「ありがとう」、などなど。間違いなく、友だちを大切にするクラスになりました。

言霊といわれるように、やさしい言葉を使うと、クラスの子供達は落着いて優しいクラスになります。

☆冷静になれる自分

子供が悪いことをして叱るとき、どうしても感情的に叱って（正確には怒っていた？）いましたが、冷静に叱ることができたり、相手の子供の心を思い、さとすことができるようになりました。こんな自分が不思議です。一段上に自分を置くことができる自分がいる、そんな感じです。

☆寄り添う指導

子供と会話するとき、正面から話すのではなく、横に寄り添う会話ができるようになりました。「あなたの気持ちわかるよ」と、同じ方向を向き悩みを共有する。とても大切だと気がつきました。

☆仕事に行くのが楽しい

人とのかかわりを持ち、挨拶をして、靴をそろえたり、いつもニコニコと笑顔でいることで性格が明るくなりました。家庭でも怒ることが少なくなりました。私は四、五年前まで眉間に縦ジワがあったのですが、最近、鏡の中の自分に眉間の縦ジワが見当たりません。自分の考えかた、心の持ち方で顔つきが変わることを実感しました。人相学も嘘ではないと思いました。ホントに。

☆褒めることができる

子供達の悪いところばかり目についていましたが、最近はよいところが目につくようになり、褒めることができるようになってきました。仲間の若い先生の良い点も言葉に出せるようになりました。

☆まるごと受け入れる

ダウン症のA君との会話。「先生は頑張っているA君大好きだよ」（裏には頑張ってほしい、とともに、頑張らないA君は……という思いがありました）

A君も、「先生大好き」。「ありがとう。でも怒っている先生は嫌いでしょう？」、「大好き」

私は目からウロコでした。人の行動で好き嫌いを決めていることが恥ずかしくなりました。母親のようによい面も、悪い面もまるごと受け入れて、人を好きになる。それが人間本来の姿であると教えられました。

☆心から感謝

こんな世界があるのだと教えて頂いたＢＢＣに心から感謝します。

家内にも感謝できるようになりました……。「ありがとう」

＊　　＊　　＊

類は友を呼ぶとか、似た者○○とかいいますが、この方にお会いするたびにそう思います。

小学生が、そのまま大人になったような人です。一生懸命に修練される姿をときどき拝見し、笑っ

てしまいます。（失礼）
いつも目線は中空をさまよっています。まるで雲のようです。
だんだんに家庭も職場（学校）も調和空間になっていく、という話をよくしてくれます。後戻りの言葉が一切なく、素晴らしいことだと思います。
天はあなたに適所をプレゼントしてくれたのですね。（山﨑）

◇調和力を活かす毎日（主婦ＫＴ氏）

☆全てを受け入れる
ＢＢＣで気のキャッチボールをします。地球の裏側まで届くようにイメージすると、心が広く広くひろがって地球

人、いえ宇宙人になったような気分になります。そうなれば心の在り方、思いようが違ってきます。ゆったりとした気持ちでいると在りのままを受け入れることができます。これができれば衝突など起こるはずがありません。

家族は主人と高校生の息子と私。息子はお陰様で穏やかな子に育って、近所の方々にも可愛がっていただいています。中学生の頃は家庭内暴力に怯えることになるのかと心配するほどの反抗期を経て今があります。このごろは冷静に物事を見、両親の健康を心配してくれる春風のような優しい息子です。その息子が最近激しく憤ったことがあり一瞬動揺しましたが、かえってすべてを受け入れる練習をさせてもらったような気がします。運命共同体の家族を受け入れることができれば、家族以外の人を受け入れることは容易なことで、円満な人間関係が築けます。心掛けていることは、話をよく聞くことです。自分のいいたいことより相手の話をしっかり聞く。そうするとこちらも話しやすくなります。

☆困ったことは起こらない

すべては必然。起こるべくして起こることの連続。困ったことは起こらない、何とかなると常に思いながらいると、不思議とそのようになっています。

車の運転をするときも何かに守られているかのように、恐い思いをしたことはなく、初めての所にナビを頼りに行くときも、ナビの声が私を心配してくれているように聞こえました。

息子の学校で私の担当するセミナーがありました。沖縄から講師が来られての講演です。当日は台風が沖縄を直撃するという予報。もし講師が来られなかったら……。私は大丈夫だと思い、きっと最悪の事態は回避されると皆さんにもお伝えしました。が、当日は嘘のように上天気。気温も高くなりすぎず、無事終了。じつは講師の方は北海道出張から実家を経由、早めに当地に着かれていたのでした。セミナーの次の日は雨でした。

☆思ったとおりになる
心に描いたことは全て現実となって現れます。日々の行動もイメージしておくと、そうすることを指令されているかのように身体が動き、イメージどおりに行動しないと落ち着かない。気がつくと、思ったとおりになっています。

息子に帰宅時間を告げて出かけ、予定の行動でもない用事を済ませて帰宅すると、ピッタリ時間どおりでビックリ！　そのことを息子にいうと「時計を見たのだろう」といいます。私は日常生活で時計は持ちませんし、見てもいません。

☆心地よい空間を

若い頃は心のゆとりがなく、よく悩んでいました。両親は「考え方を変えればよい」といってくれました。でも、当時はそんなことできるものかと思っていました。

しかし、今ならすぐに百八十度でも変えることができます。物事を良くするのも悪くするのも自分なら、よい方向に進んでほしいものです。ネガティブな考えよりポジティブにちょっと切り替えるだけで、先にいくと大きく変わってきます。悲しみや怒りの感情の中に自分を置くより、もっと心地良い状況で過ごしたいです。いつも笑顔で明るくしていると、まわりがよい方達ばかりになりました。

先日人前で話す機会があり、息子にどうすれば緊張しないか尋ねました。「皆自分の味方だと思えばよい」と教えてくれました。皆が味方、なんと心地よい空間でしょう。そう思うといつもよりリラックスして話せました。

☆ちょっといいこと

最近ちょっと気持ちのいいことがあります。すこし体調が悪い日、座りたいなあと思いながら電車を待っていると、ちょうど一席あいていて楽に移動ができました。嬉しくなりました。

洗濯物を干すときハンガーを用意すると、数えたわけでもないのに数がピッタリです。毎日洗濯物の数は違うのに、ハンガーを残らず使うととてもスッキリした気分です。

お米を研ぐときの水加減も一度でピタリ、時計を見れば、十二時〇〇分などの正時か、五時五十五分など数字が揃っていたり。一日よいことがありそうです。

なんでもないことですが、調和力が日常生活のカギになっていることは間違いありません。明日からもどんなよいことに出会えるか、どんな自分に会えるのか楽しみです。

＊　＊　＊

まさにこの文章のままの女性です。いつもニコニコ、明るい笑顔が印象的です。こんなタイプの方が、よくBBCを気に入ってつづけておられます。書かれていることはすべて真実、太鼓判を押します。私も同種の体験を持っていますから。

さてこの方のご家庭を想像してみましょう。それだけであなたの調和力が増すことでしょう。（山﨑）

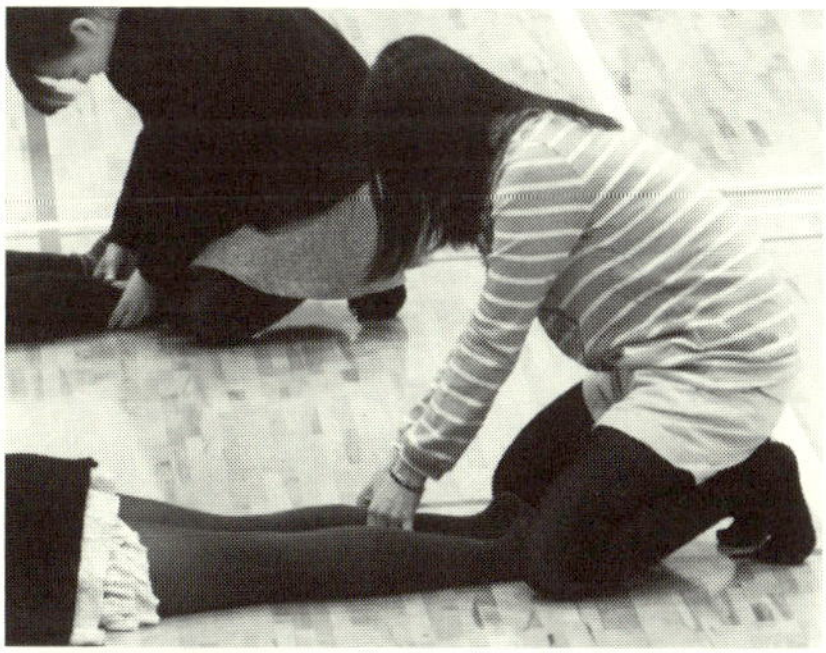

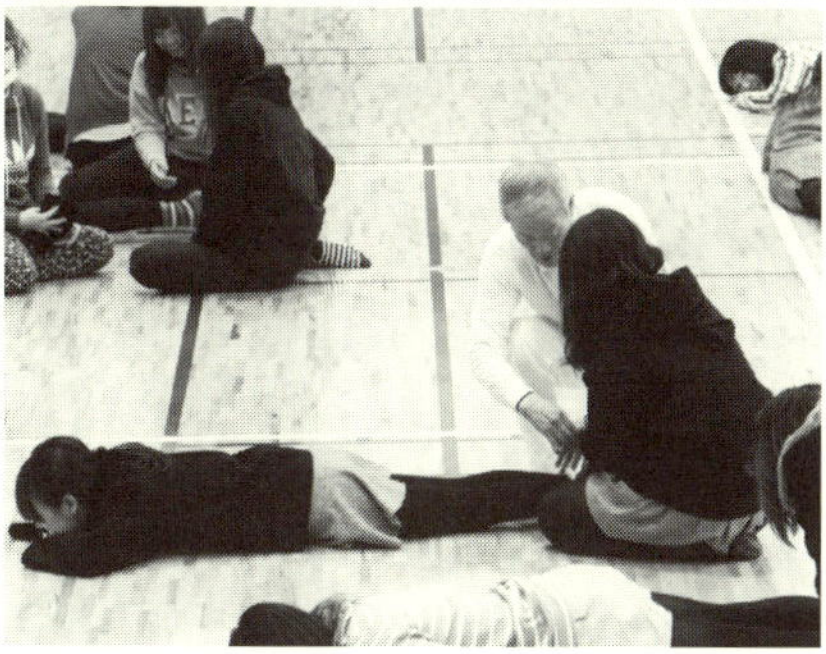

◇不思議な出来事（宗教家・東洋医学研究家ＮＫ氏）

日頃より、大いなるものの存在について、そして感謝の日々こそ人生の醍醐味などと発信する側の人間として、ＢＢＣの講座は新鮮でした。身体の動き、心（自己の内面を観る）の変化以上に、受講会場の次元が上昇するのです。集う人々が心を重ね、ひとつになり、調和したエネルギーの集合がもたらす事象だと思います。山﨑講師が常にいわれる「宇宙はひとつ、元はひとつ、全ての調和」という世界が、目の前に現れます。

誰よりも、自分が最も非力で弱い存在であるという認識で、ぶつからず、力まず、受容する、解け合うということが日常生活でも生きてきます。感じたら、即行動する自分に進化できます。

この原稿を書こうと決まった日のことです。ＢＢＣの本を鞄に入れ、電車に乗って仕事に出掛けました。いつもどおりの車両に乗り、鞄を網棚に乗せ終着駅に着きます。ところが、鞄がない！　ひと駅前でちょっと眠った間に、前に座っていた人が持ち逃げしたとご老人が教えてくれました。即、同じ電車でひと駅折り返し、駅員に申告。ふとひらめいて駅のトイレへ。掃除の男性に尋ねると、そんな人なら、今見たばかりとのこと。

鞄の中にはＢＢＣの本、携帯電話、免許証、仕事着などが入っており、駅の電話で警察にも通報、警察官の到着を待つつもりで受話器を置いたら、なんとその当人らしき人が改札口から入ってくるではありませんか。かすかな記憶に残る、コミック紙を持っていることと、後は直感でした。

「私の鞄を持っていきましたね？」と、穏やかに問いかけます。「寝ていたろう」という答え。間違いない。ＢＢＣでやるように、不思議に相手のことを想い、柔らかく腕を取ったのです。

一部始終を見ていた駅員さん達が加わってきたとき、一瞬のすきに腕を振り払われ、犯人は必死で逃走。私はそのあとを追いかける。三百メートルほど大通りを走り、やっと止めた車がなんと非番の警察官。すぐに同乗させてもらい追跡。犯人の前に急停車、なんなく確保。

この警察官がまた温厚な人で、犯人もすぐに罪を認めて、鞄の中身がなにか大切な物のようだったので、そのまま駅前のコンビニのトイレに放置してきたといいます。なにも盗まれず、無事鞄は手元に返ってきたのでした。

盗まれたことに気づき、駅に降り立ったとき、不安感が生じる前に、「世界の平和・南無ダーマ、宇宙はひとつ・南無ダーマ」と、心の中で何度も唱えていました。大丈夫、ＢＢＣの本が入っている鞄は必ず見つかる、ととっさの気働きでした。

「盗むという行為は、品物だけでなく、その持ち主の負のカルマもすべて受けることになるのですよ。引き寄せの法則をよいほうに使いなさい。あなたは本当は優しく、素直な、素晴らしい心の持ち主ですよ。その長所をよい方向に使われるよう祈っています」

犯人には、こう語りかけて一件落着したのです。


いつも妻もいうように、私も今の日本人特有の平和ボケが心の中にあったのです。日常の一、二分のことが、いかにその後の生活を変えてしまうのか。盗もうと思わせることをしないことだと反省し、いかに日々の平穏な生活がありがたいことなのか痛感しました。

BBCの講座で何度も聞いた、「魂の教師たれ、受容と調和と愛である。それには対立しないこと、力まないこと、息を止めない、流れを止めない、そして心を固着しないこと」以上のすべてのことが、わずか三時間のさまざまな人との交流で確証できたのでした。

帰宅後、妻が申します。「今までの過激な対応、行動がずいぶん変わりましたね。さらに心を定めて磨きましょう……」すべてのご縁に感謝。

最後に一言。

これからBBCを志される皆さん、人間の最大のストレスは重力です。それを素直に受けて大地に透し、即、吸収通過させる。かつて誰しも赤ちゃんでした。赤ちゃんは自然体です。その原点に帰れます。転がり起き上がることは、仙腸関節や後頭骨、即頭骨を刺激して柔軟にし、骨髄液の循環を高め、体内活力を増大させるものです。心が開放されます。

ＢＢＣの動きは、心を開き、直観力、即、行動力となって現れるのです。人間力（内面、外面、魂力）を高めるものです。これからも、より多くの人と調和できる輪と和を拡げていきたいと念じています。

＊　＊　＊

まず、御夫婦力に感服、です。共に精進努力され、共に進化されているお二人です。

最初はときどき身体を診てもらっていました。すぐに、それは心の治療であることに気づきました。その後は、宗教や東洋医学の書物も沢山紹介していただきました。そういえば武道についてのやりとりの記憶はなく、このあたりが私と気の合う所以かもしれません。また私の気持ちを聞かずに、よく人物紹

介をされ、お会いしてのち必ず「なるほど」と氏の御好意と真意に思い至ることもしばしばでした。今後の展開が楽しみな方です。後日談はまたの機会に……。

（山﨑）

◇自律神経を整え、宇宙意識の流れに合わせるメソッド「BBC」

（氣の身心操法研究所　主宰KY氏）

私は、現在「氣の身心操法研究所　K会」を主宰し、氣や意識を用いて心身の潜在能力を開発し、それらを日常生活・人生に還元するお手伝いをしています。

その中でも山﨑博通先生の開発されたBBCも取り入れさせていただき、その効果を実感しております。

では、この機会をお借りして、私なりのBBCに対する考察を述べさせていただきます。

BBCの基本は、まず相手を「受け入れる」、そして自分を「受け入れてもらう」という「受受のイメージ」を用いて、相手と共にBBCの各種の身体メソッドを繰り返して行います。じつは、この「受受のイメージ」こそがBBCの極意なのです。

ここで、「受け入れ」「受け入れてもらう」のは、お互いの身体だけでなく、私たちの身体の奥に存在する「心」や「氣」そして「魂」までも、受け入れあうイメージを持ち続けることが大切です。

ところで、私たちの身体には、病気の予防・回復を司る「免疫」というシステムがあります（ちなみに「病」とは「滞る」という意味。つまり病気とは「氣の滞り」のことです）。

そして、免疫とは「疫（病）を免れる」の言葉のとおり、あらゆる感染症を免れ、また予防する生体防御システムです。

そして、この免疫システムの働きは、生命活動の元締めである、自律神経が担っています。

自律神経には「交感神経」と「副交感神経」という、相反する働きを司る神経があります。

交感神経は、人間の活動時に働く神経で、血管を収縮し、血行を低下させ、副交感神経は、休息時に働く神経で、血管を拡張し、血行を促進させます。

このふたつの神経は、自分の意志とは関係なく、一年三百六十五日休むことなく、お互いがバランスを取りながら、呼吸・体温調節・発汗・排泄など、生命維持に欠かせない活動を司っています。

最近よく巷で聞く「自律神経の乱れ」とは、交感神経の過緊張により、副交感神経が抑制され、体温の低下と血流の低下によるもののことで、この自律神経の乱れこそが病気を引き起こす原因となるのです。現代の超過度情報化社会では、日々の生活環境の変化などからくるさまざまなストレスから、自律神経のバランスが乱れ、心身の病に至る人が急増しています。

これらのことから、あらゆる病気を快方に向けるためには、血流を改善し、体温を上げて、免疫力を高める副交感神経を優位にすることが大切です。

そこで、先述したBBCの基本原則である「受け入れる」「受け入れてもらう」受受のイメージを持ちながら、BBCのメソッドを繰り返すと、交感神経の過緊張は弛み、副交感神経が優位となり、体感覚としては、上半身（特に頭部と胸部）が軽くなり、下腹部や足裏が温かくなります。

これは、東洋医学では「頭寒足熱」といい、また武道では「上虚下実」と言われる古来より理想とされる身体感覚です。

これはBBCを数回行えば、誰にでもこの身体感覚を体感できるようになります。

お互いを優しく受け入れ合うという、絶え間なく、心地よく繰り返されるイメージは副交感神経を優位にして、免疫力を確実に上げます。私の経験からも、多くの方々の心身における症状の改善がみられてきました。

しかしBBCは免疫力をあげる健康法としての効果だけではありません。

じつはBBCは仏教の教え（宇宙の法則）を体に染み込ませ、仏教の調和の教えを無意識的に（！）、日常生活で「実践してしまう」（笑）、感性を育むユニークなメソッドなのです。その秘密は山﨑先生ご自身が長年にわたりダーマ信仰（宇宙法則）に基づく仏門を修行されている仏教僧であり、そこで培われた素晴らしいエッセンスを、限られた人達だけではなく、広く一般に普及したいという思いが、BBCメソッドの開発につながっているところにあります。

仏教の教えには核となる三つの法則があります。仏教ではそれを「三法印」といいます。その三法印とは（一）諸行無常、（二）諸法無我、（三）涅槃寂静の三つです。これらの細かい説明は仏教専門書に任せるとして、ここでは簡単に説明します。諸行無常とは、すべては常に動いて変化している。諸法無我とは、完全に独立した個は存在せず、すべてはつながっている。そして涅槃寂静とは、このふたつの法則を自分の中で深め体感すれば、心は円満になり、悟りに至り、そこから本当の人生がはじまる。

いかがですか？　簡単に説明したつもりですが、少し難しいですね。ではさらに簡単にまとめると、諸行無常と諸法無我の意味を合わせると……森羅万象、すべての事象は連なり動き続けている。略して「連動の法則」です。この連動の法則の先には、涅槃寂

静……すべてはつながり変化しているのだから、相手と自分との差（境界線）が取れる。差が取れるとは、つまり……差取り（さとり）＝悟りになるのです。

ＢＢＣの意識は相手を受け入れて、自分も受け入れてもらう。そしてＢＢＣの身体技法は常に動きの中でこの三法を、身体をとおして表現し続けるのです。身体で表現した法則は顕在意識では忘れても、潜在意識下にインプットされます。それが人間の無意識を変えて、さらに感性を変えるのです。

また山﨑先生のご説明にもあるように、ＢＢＣの動きの基本には「歪めず、力まず、詰まらせず」があります。これはひとつひとつが単独のポイントとなるのではなく、「歪めず」が「力まず」を生み、「力まず」が「詰まらせず」を生じさせ、また「詰まらせず」が「歪めず」を生むというように、三つのポイントすべてが「連動」しており、またこの連動がＢＢＣのメソッドに必要な深い呼吸、リラックスを導き、その結果として動き続けることができる身体が形成されます。

またこの先に待っているのが「平常心」という囚われのない自由な境地です。ズバリ「行動と意識は表裏一体」なのです。このＢＢＣ的心身の前に現れる人生の状況は、必然的に運気の高い状況になります。運気とは運＝流れ・巡るの意味で、つまりエネルギーの流れを意味します。一般的にはあまり考えられませんが、我々が普段感じることは、すべて自分の身体的状況の賜物です。まずは自己の心身のエネルギーが滞らなくなれば、あらゆる問題は自ずと解消されるものです。これこそが宇宙の法則に従った仏教的問題解消法です。

これを見事に体感することができるのがＢＢＣなのです。

これから時代は確実に大きく変わります。今までの既成の価値観が変わり、宇宙の法則に従った調和・創造の力に基づいた世の中に変わります。その宇宙意識の流れに、意識を合わせていくためにも、ＢＢＣは今からの世の中に必要なメソッドであると私は確信しています。

改めて、自分自身の歩んできた道の総括と、そして行くべき方向を示唆する内容をまとめさせていただいたような、晴々とした気分です。

＊　＊　＊

そうです、そうです、そのとおりです。

この方は、もうすでに幾冊かの書籍を上梓され、氏を信奉される人々にとってはカリスマ的存在であるといっても過言ではありません。

十年ほど前の出会いから、すこしもぶれずに信念を貫き、しかもその目指す方向が極めて私と一致しており、教わることがむしろ多い、そんな関わりがつづいています。

ますますのご活躍を期待しています。（山﨑）

◇定年過ぎて、日々の向上（元小学校教師TY氏）

著者・山﨑氏より、直接指導をいただきはじめて既に三年が経ちます。

初めの頃は、言われたことも理解できず、身体もまったく動かない日々でした。もっとも、今まで受けた教育の中では、力を入れること、頑張ることばかりをやってきたからでしょう。

BBCの稽古のたびに「歪めず、力まず、詰まらせず」と教えていただきます。自分では正中線を立て、丹田を充実させたつもりで、「余分な力は抜けているぞ」と思っていても、身体のどこかの部分が力んでしまっているのに、なかなかそのことに気づきません。先生や相手をしてくれている人に指摘されて「ハッ」と気づくことがたびたびでした。

また、「今日は力が入ってないで調子がいいぞ、この調子だ」と思った瞬間、できなくなっている自分がいました。またもや自我が出たか。

さらに、「相手と一体になるのです。相手と本当に調和するのです」といわれる。

「一体どうやったら、一体になれるんだ」と考えてしまい、いっそう自分でできなくしてしまっていました。

一年も経った頃からでしょうか。

自分では意識していないのに、相手が勝手に転んでくれている。そして、自分も相手によって転がされている。相手の力の抜けた状態がこちらにも伝わってきます。相手の姿勢や、正中線が少しずつ見えてきます。相手の丹田の「実と虚」がこちらに伝わってくるのがわかり始めます。

さらに半年位すると、転がりながら相手の充実した気をこちらが吸収できて、転がりながら楽しい気持ちになってきます。

このようなとき、「転がることがそのまま整体法の効果につながる。また、転がっている間は誰もが、無念夢想の境地に入ったと同種の状態」と教えられる。

「ああ、だから気持ちいいんだ」とすぐに納得してしまいます。昔から、難行苦行しても、「無念夢想の境地には、なかなか入れない」といわれた高い境地に、誰でも一瞬のうちに入れてしまうというす

ごい稽古をさせていただいていることに改めて気づかされました。

私にとって、なんといってもよかったことは、六十歳を過ぎてからでも、「心身の充実感や柔軟性、関節の可動域が大きくなっていく」ことに自分で感動していることです。また、この頃、早朝の目覚め際に、一日の行程や難問の解決法、名案がパッと頭に浮かんで来ることに、人間の可能性の素晴らしさを実感させられています。大いなる力に感謝です。

完全に仕事を辞めた六十三歳のときから、早朝自宅の周囲の道路清掃をしています。そこを通る小学生、近所の人、通勤の方までが朝の挨拶をしてくれます。私も心から笑顔で「お早うございます」といえるようになりました。

これからも、他の人の喜び、感動、成功などを共に喜び合える、調和の心をさらに育てていきたいと願っています。

早春の朝、ふと浮かんだ言葉です。

調和の偈《げ》

私は、調和だ

身体も心も完全に調和している
根本実相と不二の私だ

私は、いつでも相手とひとつになれるのだ
だから、自然ともどこの国の人とも
しなやかに調和できるのだ

苦悩　病　逆境をも超越して
無限の可能性をどこまでも拡げられる
尊い私だ

＊　＊　＊

この方とは、かれこれ五十年近いつきあいです。一時、念願どおり海外の日本人学校にも赴任されました。

柔道に励んだ高校生の頃から、禅道に志し、心身統一法の研究など、その方面の、知る人ぞ、知る、という方です。

人生の折り返しを過ぎても、進む道を同じくするとは、思ってもいなかった展開です。素晴らしい、大いなる力の働きに感謝。

（山﨑）

◇達人になりたくて（武道修行者ＥＭ氏）

○私の武術小歴

達人になりたくて、十代の半ば頃よりいくつかの武術をかじり始め、二十年くらい経った頃でしょうか、「何かが違う」と思いはじめました。

いわゆる「達人」をめざして、とりあえず相手に勝つ技術と精神を持った人間、という目線で初心者むけの武術の本を機会あるごとに読み始めていました。

たぶん、いい本に出会ったのでしょうか、相手に勝つ強さは、結局は心の在り方の問題に行き着くのではないか、心の問題であるなら、これはいわゆる「宗教」があつかう分野ではないかと思うようになってきました。

○ＢＢＣとの出会い

そんな中での「ＢＢＣ」との出会いでした。

当初、この修練は何のためにするのか？　これをやれば何に役立つのか？　と理屈ばかりが先行していました。しかし、よく武道の修練で「なぜはいらない、ただやるだけ」と聞きます。理屈はいらないのです。

ＢＢＣの修練においても、「考えてはいけない」と指導をうけます。これが現代人には、なかなか難しいのです。それは、永い間優先使用してきた左脳を右脳優位へ効率よく切り換える訓練でもあるのですから。

また、人間を構成している身体以外のものを使う訓練、つまり心、さらにいえば魂の修練でもあると思います。さらにこの修練を続けていくうち、争いを好まないほんとうの自分との出会いも用意されていました。

○真の武道と宗教は目指すものは同じ？

こう考えてくると、真の武道の在り方は心を自由にすることであり、宗教の目的も心を自由にすることではないかと思い、目指すところは同じなのかな、というところに思いが至りました。

さらにいえば、心を自由にする身体の鍛練が武術という副産物を生みだしている、とも思えてきました。

○密教につながる？

密教は、仏教のいちばん最後に出てきた宗派といわれています。その目指すところは、即身成仏といわれています。行法は三密加持で、宇宙へつながることを目的にしているようです。宇宙の本質は「愛」といわれています。

ＢＢＣも密教の行法と同じものといっても決していい過ぎではないと感じています。

なぜならＢＢＣの修練法は、相手と決して争わない、受け入れる。これは「愛」そのものの身体表現だと思います。

自分の中にある小宇宙に目覚め、そしてそれが大宇宙につながっていることを認識する。そういう行法でもあると思っています。

○「技を習う」とは、「人を習う」こと

BBCと出会って、私の目ざす「達人」とは、「即身成仏＝人間完成」と、明確になってきました。「技を習う」とは、「人を習う」こと。その人の人格があるからこそ、その技が存在します。その人との共有出来る時間と空間があるからこそ、魂が伝えられていくと思います。

まだまだ未熟ですが、このBBCの行法に邁進したいと思っています。

＊　＊　＊

私は、現在日本一大きなため池と言われている満濃池のある香川県まんのう町から、空海生誕の地といわれている善通寺市を通って通勤していて、不思議なご縁に感謝しているところです。

密教も深く学んだわけでもありませんが、武道のみならず、あらゆるものが、じつはつながっているというご意見に私も賛同いたします。

じつはこの方は、通常の道場稽古に飽き足らず、いろいろな流派の師範クラスに直接お目に掛かるという、探究心旺盛な好人物です。武道の先には宗教があり、真の修行がある。これからも、よき先達として御活躍されることでしょう。

（山﨑）

◇三人よれば文殊の知恵

・ＢＢＣでの学びは、人生すべてのシーンで活用される、人生の根幹のようなもの。それは、ＢＢＣに貫かれている、正しい姿勢体でする（気も含めた）全体呼吸と（リラックスの延長線上の）笑顔です。

重要なのは、手と手を合わせて、五感をとおして直接に情報を伝達してもらうこと。著者・山﨑氏とわかれて治療の現場に帰ると、私の意識が変化、進化し、それがよい効果として患者さんや家族まで伝達されます。

しかし、日々のストレスは簡単に、正しい姿勢、呼吸、リラックスをも崩してしまいます。だからこその修練、トレーニングなのですね。非日常に見えて、じつは日常生活との架け橋がＢＢＣなのですね。

（接骨院経営　ＴＦ氏）

・ＢＢＣから学んだ、私の行動指針は「怒らず、愚痴らず、妬まず」と「歪めず、力まず、詰まらせず」です。

今までは、攻撃的な言葉や威圧的な態度で人に接し、目にみえる部分にかかわり、腕力や権力が絶対であると思っていましたが、現在は他人のことより自分自身の内面に眼が向き、今までと正反対の意識で日常を過ごすようにしています。


眼で見えない力と空間を意識しながら、すべてのものとひとつになるということをしていると、柔軟な発想・判断・行動ができて物事に対する許容範囲も広くなり、気づき力も増してきています。また、東日本大震災直後から今も、個人でボランティア活動にも参加させていただき、行動力も増してきました。

（団体職員ＳＳ氏）

・ＢＢＣの場での、再開も含めた、仲間との出会いが私の何よりの財産です。

私の職場にも、そういった仲間が集まってきてくれています。出身や学歴、生い立ちに関係なく、同じ時間に同じ体験というきっかけがＢＢＣでした。対立することより、受け入れること。元をたどれば、すべてはひとつから。こんな価値観が共有できるからだと思います。

「無理だと考えたら、本当にダメになってしまう」

仕事の上司でもあった、会社の創業者でもある亡き従兄弟の言葉は、困難な事柄を眼の前にしたとき、よく思いだします。大企業を創りたいとは思いませんが、せめて自分の周りの方々が明るく生き甲斐を感じられるように、自分の役割を果たせるように努力し続けて生きたいと思います。

（会社経営ＮＳ氏）

＊　＊　＊

この三人の方には共通事項があります。遠距離修学です。学ぶ、という目的のために、止める人の声もきかず、親元や家族の元から遠く離れた地でも平気で出掛ける行動力の人です。

そしてもうひとつ。きちんと、自らの生活の場を立て、その道にも確固とした地位を築いておられることです。こんな方々の周りには人が吸い寄せられるように集まってきます。

そうです、ＢＢＣにできることといえば、さらなる進化のチャンスを提供することだけです。御活躍を祈ります。

（山﨑）

◇私の生活への影響（ノートルダム清心女子大学ＭＨ）

身体科学を受講し、私は以前よりも自分の身体のゆがみ等について意識するようになりました。授業の初めに行う三点チェックでは、足の長さの違いや首を左右に動かしたときの違いを見ることができ、その後のエクササイズによってきちんと効果が出ていました。少し行うだけで脚の長さが同じになる等、変化が目に見えてわかるため、とても楽しく受講しています。

私は普段つい猫背ぎみで歩いてしまったり、座るときにも身体を歪めたような状態で座ったりするために、このようになってしまっているのだと思います。それが、自分の身体の歪みを知ることで、普段の姿勢も意識するようになりました。毎回先生から教えていただくエクササイズやマッサージ等は、家でふと思いだして行ったり、家族に教えてあげたりしていますが、一番よいところは自宅でも簡単にできることです。まだまだ大きな効果が出るまでには至っていませんが、普段の生活で姿勢を意識できるようになったことは、私の一番の変化です。

また、毎回転がって起きるという動きをしますが、転がっている間は他の無駄なことを考えず、からっぽの状態で行っています。最近習い始めた突き蹴りの形もその動作にとても集中して行うことができています。大学生になり、特に二年生になった私はどこかしら気の抜けたような部分があり、集中して物事を行うということがとても減ってきているように思います。そのため集中するときには集中し、先生の楽しいお話のときには笑うことができる身体科学の授業は、私の生活にも大きな影響を与えて下さっています。

私は冬には身体の末端がとても冷たくなってしまうのですが、女性はあまり身体を冷やさないほうがよいとよくききます。先日は、アキレス腱辺りを押していくマッサージを教えていただきましたが、行った後は足先の冷たさが軽減していました。身体を将来的によい状態に保つためにも、この授業で学んでいることはとても意味のあることだと感じています。

◇身体を動かす楽しさ（ノートルダム清心女子大学ＨＭ）

身体科学を受けて、身体の仕組みの面白さと身体を動かすことの楽しさを学ぶことができました。授業の初めによく行っていた足の長さを比べることや、腰や首の左右どちらが動かしにくいかを確認するのは今までやったことがなかったし、そんな差があるなどとは思ってもいませんでした。さらに、身体というのは姿勢や気温によってコンディションが変化することもわかり、思っていたよりも身体はいろいろなものに影響されているのだと思いました。また、違っていた足の長さなどもちょっと身体を動かすことで変わってくることもわかり、身体の仕組みは面白いと感じました。足の長さの測り方や変える方法はまったく難しくなく、長時間する必要もないので家で家族とも行うことができました。

授業では、身体を整えるような動きだけでなく、二人組で相手の気を受けて転がるという動きも習いました。そのような動きはもちろんやったことはなく、説明を見聞きして動きを真似てやっていくのは身体を動かすだけでなく頭まで使え、知らない人と組んだときでも、どう

やればいいのか等の会話ができ、ただ身体を動かすだけの授業ではないなと感じました。相手の気を受けて自分が転がった後に、起き上がった勢いで相手を転がすという技は、コツを掴むとすごく簡単に転がってくれるし、自分がやられる側でも簡単に転がされてしまうのでかなり楽しくやることができました。

相手を倒すためには力のあるほうが有利だと思っていたし、相手がこちらに向かってくる勢いを受けて消し、前に出るという発想はなかったので、こういう技があるのだと驚きました。重心を移動させるだけで、ほとんど力を使わなくてもできるということは、どんな人でも可能ということなので、女性にはもってこいの技だと思いました。また、この授業を受けていままで意識していなかった重心を気にするようになりました。特に足の親指はストップをかけるための指であることや、踵の方に重心がかかっていると姿勢が悪くなるということを聞いてからは、なるべく爪先側に重心をもっていくように意識が変わりました。これをすると、背筋が伸びる感覚がわかり、とても気持ちよく感じます。さらに電車の中で立つときも、踵ではなく、少し意識して爪先側に重心をもっていくと、それまでのように踵の痛みも感じず、本当に知ってよかったと思います。これを続けて、猫背のせいで背中や腰が痛くなるのも軽減できるようになればこんな嬉しいことはありません。

身体を動かすというのは、スポーツなど少しハードな運動をしてこそ意味があると思っていました。

しかし、身体科学ではつらい運動をするというわけでもなく、いろいろな人と笑いながら体を動かすことができ、とても楽しい時間を過ごしています。さらに身体を動かすことで、講義と講義の間の息抜きにもなり、精神的にも必要なことだと実感しています。とはいえ、自分で思っている以上に身体を動かしているようで、日頃の運動不足を実感する機会にもなっており、少しショックをうけることもありました。

このほかにもいろいろなことが学べ、自分自身の向上に生かせそうです。

＊　＊　＊

最後のお二人は、二〇一三年度の「身体科学」（二〇一四年度からは文部科学省の通達にもとづく「自立力育成科目：身体コミュニケーション」となります）受講生の中からの最新の声を載せておきました。ただ、年をおうごとに受講生が増えており、今年は百五十名を越えました。

若いとはいえ、世の中は身近な人間関係から宇宙レベルまで、もろもろのストレスに取り囲まれています。でも、ちょっと見方、考え方を変えれば、対立競争から調和と共存共栄の世界は実現できる、そんな思いも湧いてきそうな調和空間を私も楽しんでいます。ありがとうございました。

（山﨑）

また、新学期を迎えようとしています。

本書のスナップ写真は、ノートルダム清心女子大学の「身体科学」二〇一三年度受講生を撮ったものです。彼女らにお礼を申し上げるとともに、その他多くの方々の有形無形のご支援にも深く感謝致します。

しかしながら、どうしても忘れてはいけない課題は取り残されたままです。東日本大震災後の復興事業、原発事業の行く末、隣国との外交問題などは出口の見えないままにされ、着実に進展しているとしか見えない国家施策の不安定感。国民の幸せと、どこでどうつながっているのでしょうか。

人の幸せってなんでしょう。それぐらいは、自分で決めさせてほしいものです。

私たちの講座も、このことと決して無関係ではありません。日頃から、ついつい知識一辺倒になってしまい、忘れられがちになっている自らの感性を取り戻し、自分の可能性に気づき、生き生きとした人生を送る、そんな心と身体の活性化をはかるという第一ステップはほぼ問題なく通過しました。私はこのステップなしに本当の幸せはない、と思っています。

いろいろあるけれど、人生ってやっぱり素晴らしい。

この究極の境地に向かって歩みつづける試行錯誤を、身体動作という手段を加えておこなっているつもりです。受講生の皆さんには、一度イメージ上の宇宙船に乗って、上空から私達百五十人の講座風景を見せてあげたいものです。笑顔と楽しさに満ち充ちた調和空間を眼下にすることでしょう。そこはもう、「幸せいっぱいの世界」ではないでしょうか。

ここでは対立や競争などかけらもありません。初めての人とも身体も心もひとつになって転がったり、起こしあったり。そんな皆さんの笑顔のなかにいた私は、その直後に校舎の階段をとても楽に上がっているし、授業を終えた帰りの瀬戸大橋線の車中でも、間違いなくエネルギーの上昇と幸福感を味わっていることを白状します。私はこれこそ幸せの原点、だと確信しています。

人間は夜眠っている間に疲れもとれ、元気を回復します。

この当たり前のことが、実はものすごいことだと気づいたのは昨秋のことでした。いうまでもなく、人体は物質です。単なる物質なら使うことを中断しても、機能が回復することなど絶対に考えられません。何故、人間は眠っている間に元気を回復するのか。私は、眠っている間に大宇宙の気のエネルギー（パワー）が人体に補給されるのだと思っています。

その証拠に、洋の東西を問わず、あらゆる宗教が瞑想を重要視しますね。瞑想が深まると、きっと宇宙パワーにつながり、再生創造のエネルギーや知恵が得られることを体験的に学んだ先人達が宗教や哲学、心理学に養生法から武道にいたる各分野で、多くいい残したのではないでしょうか。

BBCで転がっている間はなにも考えられません。これこそ動きの中の瞑想法。

きっときっと、多くの恵みを受け取っていただき、よりよい人生の伴走者として御活用くださることを願っています。

最後になりましたが、監修の労を快くお引き受けくださった保江邦夫教授には撮影カメラマンまでお願いしました。モデルの平田晶子さん、三宅瞳美さん、また、編集業務を買って出て下さった新谷直恵様にも紙面を借りてあつく御礼もうしあげます。

平成二十六年三月

山﨑　博通

監修：保江　邦夫（やすえ　くにお）

著者：山﨑　博通（やまさき　ひろみち）
高知県生まれ　中央大学法学部卒
現在学校法人禅林学園理事長
ノートルダム清心女子大学非常勤講師
香川県私立学校審議会委員
少林寺拳法八段
著書：『ボディーバランス・コミュニケーション』（共著、海鳴社）

自立力育成のための
ボディーバランス・コミュニケーション

2014 年 6 月 10 日　第 1 刷発行

発行所：㈱ 海 鳴 社　http://www.kaimeisha.com/
〒 101-0065　東京都千代田区西神田 2 - 4 - 6
E メール：kaimei@d8.dion.ne.jp
Tel.：03-3262-1967　Fax：03-3234-3643

発 行 人：辻　信 行
組　　版：海 鳴 社
印刷・製本：モリモト印刷

出版社コード：1097

ISBN 978-4-87525-308-2